Dieter Buck

Stuttgarter Wanderbuch

Kreuz und quer
durch die Landeshauptstadt

Silberburg-Verlag

Umschlagfoto: Blick auf den Neckar, den Max-Eyth-See, Stuttgart-Hofen und -Neugereut.
Foto Seite 1: Skulptur beim Schloss Rosenstein.
Foto Seite 2/3: Im Park beim Schloss Rosenstein.
Foto Seite 10/11: Im »Grünen U« unterhalb des Killesbergs sieht man zahlreiche Brunnenanlagen.
Foto Seite 48/49: Vom Eichenhain aus hat man eine schöne Sicht in Richtung Hohenheim.
Foto Seite 130/131: Auf der Geroksruhe.

Dieter Buck
geboren 1953, war zunächst als Bildhauer tätig. Später wäre er fast zur Fotografie übergewechselt, was ihm bei der Illustration seiner mittlerweile rund dreißig veröffentlichten Bücher zugute kommt. Seit vielen Jahren schreibt er Reise-, Radwander- und Wanderführer, Bildbände und Landschaftsmonografien. Außerdem ist er leitender Redakteur eines alpinen Magazins und Herausgeber des Schwaben-Kalenders.
Im Silberburg-Verlag sind von ihm erschienen: »Das Große Buch vom Schönbuch«, »Ausflugsziel Schönbuch«, »Ausflugsziel Remstal«, »Ausflugsziel Schwäbisch-Fränkischer Wald«, »Ausflugsziel Stromberg-Heuchelberg«, »Wasserziele im Ländle«, »Aussichtsziele im Ländle« und zusammen mit dem Historiker Harald Schukraft das Buch »Stuttgarter Grenz-Wanderungen«.

1. Auflage 2005

Umschlaggestaltung: Anette Wenzel, Tübingen, unter Verwendung einer Fotografie von Dieter Buck.
Lektorat: Werner Brenner, Rottenburg am Neckar.
Bilder im Innenteil: Dieter Buck.
Kartengrundlage: Rasterdaten des Stadtmessungsamtes der Landeshauptstadt Stuttgart, bearbeitet durch den Verlag.
Layout und Satz: textdesign, Martin Fischer, Tübingen.
Druck: Grammlich, Pliezhausen.
Printed in Germany.

ISBN 3-87407-647-4

Besuchen Sie uns im Internet
und entdecken Sie die Vielfalt unseres Verlagsprogramms:
www.silberburg.de

Inhalt

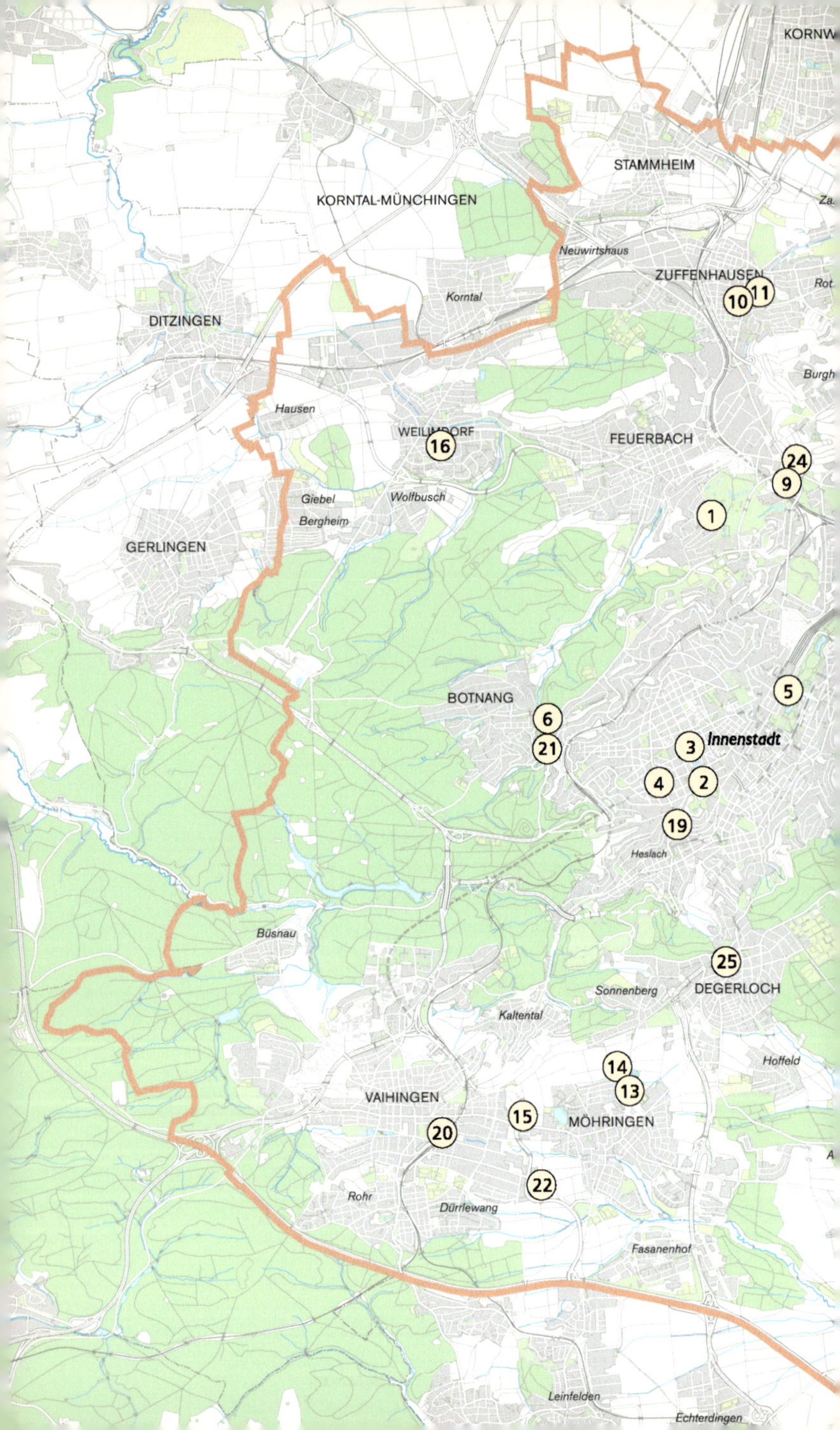
KORNW
STAMMHEIM
KORNTAL-MÜNCHINGEN
Za.
Neuwirtshaus
ZUFFENHAUSEN
Rot
10
11
Korntal
DITZINGEN
Burgh
Hausen
WEILIMDORF
16
FEUERBACH
24
9
Giebel
Wolfbusch
Bergheim
1
GERLINGEN
5
BOTNANG
6
21
3
Innenstadt
4
2
19
Heslach
Büsnau
25
Sonnenberg
DEGERLOCH
Kaltental
Hoffeld
14
13
VAIHINGEN
15
MÖHRINGEN
20
22
Rohr
Dürrlewang
Fasanenhof
Leinfelden
Echterdingen

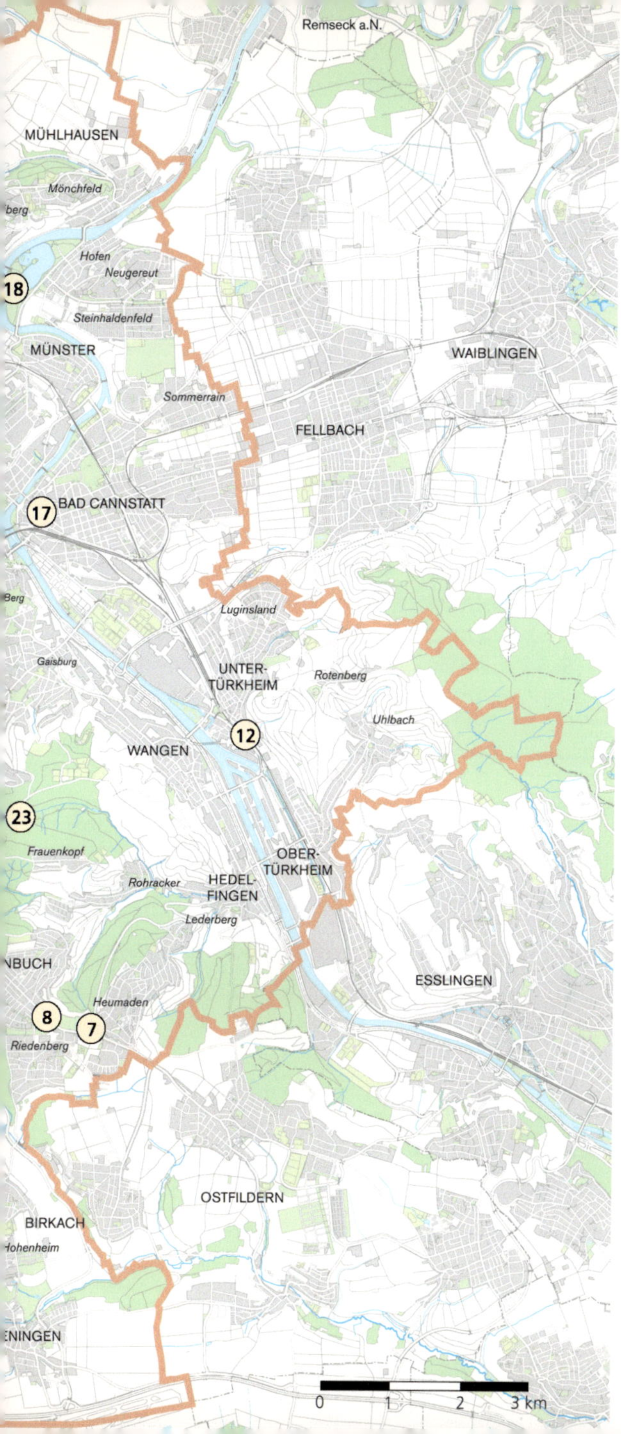

Remseck a.N.
MÜHLHAUSEN
Mönchfeld
Hofen
Neugereut
Steinhaldenfeld
MÜNSTER
Sommerrain
WAIBLINGEN
FELLBACH
BAD CANNSTATT
Luginsland
Gaisburg
UNTER-
TÜRKHEIM
Rotenberg
Uhlbach
WANGEN
Frauenkopf
OBER-
TÜRKHEIM
Rohracker
HEDEL-
FINGEN
Lederberg
ESSLINGEN
Heumaden
Riedenberg
OSTFILDERN
BIRKACH
0
1
2
3 km
18
17
12
23
8
7

Vorwort

Anstatt großer eigener Worte sollen diesem Buch ein paar Zitate aus berufenem Munde vorangestellt sein. Der Kunstschriftsteller Wilhelm Hausenstein schrieb 1930: »Da liegt es im Tal, anmutig gedrängt, mattblickend, gelblich vom Stein und grau vom Dachschiefer, Landstadt und Großstadt zugleich. Da steht es ringsum die Berge hinauf. Es sind keine großen Berge, so wie um Innsbruck ist es um Stuttgart nicht. Aber dafür sind die Hänge mit Obstbäumen bestellt, deren Stämme vom Weiß des Kalkes unter der Sonne leuchten; dafür ist Stuttgart mit hängenden Rebgärten umgeben – und wie wird eine Stadt durch Weinberge umher, ja durch Weinberge, die in ihr sind, geadelt. Und Wälder sind da zum Spazierengehen auf den Anhöhen, von denen man der Stadt über den ganzen, weit hinaus gelagerten, weithinauf gelehnten und schön gewundenen Leib schaut und über die vorgestreckten Gliedmaßen.« Dr. Arnulf Klett, langjähriger Oberbürgermeister der Stadt Stuttgart, meinte 1965: »Es gibt wenige Großstädte in der Welt, deren einzigartige Lage die Bezeichnung

Der Schlossplatz mit Brunnen und Kunstgebäude – hier trifft man sich gerne.

›Stadtlandschaft‹ in ihrem tieferen Sinn rechtfertigt. Stuttgart ist eine dieser Städte, ein lebendiges, rastlos vorwärtsstrebendes Gemeinwesen, das zugleich aber auch gemütvolle, beschauliche, ja idyllische Züge hat. … Der Kranz der Hügel rund um die Stadt, die leuchtenden Obstgärten, die bis in die City hinuntergreifenden Weinberge, die vielen Parks, vor allem jedoch die großen, stillen Wälder lassen Stadt und Land ineinanderfließen und schaffen so die Harmonie einer wirklichen Stadtlandschaft, wie sie nur noch selten zu finden ist.«

Und der einstmalige erste Vorsitzende des Schwäbischen Albvereins, Georg Fahrbach, schrieb in dem von ihm herausgegebenen »Stuttgarter Wanderbuch«: »Die Stadt Stuttgart bietet mehr Wandermöglichkeiten als die meisten der deutschen Großstädte. …«

Im Sinne dieses verdienten Wandersmannes werden wir deshalb mit diesem Buch einige der schönsten Ecken Stuttgarts entdecken – beileibe natürlich nicht alle, denn dann müsste das Buch ein mehrfaches seines Umfangs haben. Wir wandern um die Stadt durch Wälder, Weinberge und Streuobstwiesen, erleben Seen und Bäche. Aber auch durch die »Schluchten« der Stadt werden wir uns wagen. Über sie schrieb der Schriftsteller Helmut Heißenbüttel: »Ihr Reiz besteht darin, dass man wie in eine weit auseinandergezogene Perspektive hinan- oder hinabblickt. Ihre größte Schönheit entfalten diese Straßen nachmittags, wenn die Sonne sie in ihrer Längsrichtung ganz mit Licht füllt. Die Hangkuppen, die den Abschluss bilden, schweben dann wie eine Fata Morgana über den sich verengenden Häuserreihen.«

Es stellt sich die Frage: Wer ist schon einmal, ganz bewusst, quasi unter touristischem Blickwinkel, durch die Stuttgarter Innenstadt spaziert und hat die vielen Sehenswürdigkeiten intensiv betrachtet beziehungsweise besucht? Man sollte es einmal tun, und man wird erstaunt sein, was man da alles sehen kann, an dem man sonst achtlos vorbeigehastet ist. Auch ein Spaziergang durch den historischen Stadtkern Bad Cannstatts ist beschrieben, denn dieses ehemals berühmte Bad hat ebenfalls viel zu bieten. Andere Touren führen uns in beziehungsweise um einige der Stuttgarter Vororte, denn auch hier gibt es mehr als genug zu entdecken, sowohl in den Ortskernen als auch im Grünen rund um die Stadtteile.

Die Ausgangspunkte aller beschriebenen Touren sind mit öffentlichen Verkehrsmitteln zu erreichen, so dass man guten Gewissens das Auto in der Garage stehen lassen kann. Das hat den Vorteil, dass man sich unterwegs in einer der Wirtschaften ohne Bedenken ein Viertele Wein schmecken lassen kann.

Viel Freude und Lust am Entdecken wünscht Ihnen

Dieter Buck

Teil 1

Durch Stuttgarts Häuserschluchten und Parks

Durch das Grüne U

Killesberg – Wartberg – Leibfriedscher Garten – Rosensteinpark – Schlossgarten

Die als »Grünes U« bekannte Stuttgarter grüne Lunge beginnt beim Killesberg; sie zieht sich wirklich U-förmig über den Rosensteinpark zum Schlossgarten und endet in der Innenstadt. Es lockt, diese Strecke einmal zur Gänze und in einem Stück zu begehen. Da sie insgesamt relativ lang ist, man unterwegs recht viel sieht und auch noch Museen besuchen kann, stellt sie, wenn man will, eine ausgefüllte Tagesunternehmung dar.

- **Ausgangspunkt:**
  Killesberg (Stadtbahnlinie U 7).

- **Endpunkte:**
  Nordbahnhof (S-Bahn-Linien S 4, S 5, S 6, Straßenbahnlinie 15, Buslinien 55, 56).
  Haltestelle Mineralbäder (Stadtbahnlinien U 1, U 2, U 14).
  Hauptbahnhof (alle S-Bahn-Linien, Straßenbahnlinie 15, verschiedene Stadtbahnen, Busse).

- **Wegverlauf:**
  Wir fahren von der Stadtbahnstation Killesberg aus mit dem Aufzug ganz hinauf und spazieren direkt in die Parkanlagen des Höhenparks Killesberg hinein. Es geht vorbei an aufgereihten Springbrunnen; wir kommen hinab zu einem

Frühling im Killesberg-Park

See und sollten auf jeden Fall zum Aussichtsturm gehen. Vor diesem liegt das Tal der Rosen, etwas nordwestlich das Tal der Wildrosen. Auf jeden Fall sollte man einen Bummel durch den Park machen, um ihn in seinen verschiedenen Facetten kennen zu lernen.

Begonnen hatte beim **Killesberg** (383 m) alles mit einem Steinbruch, in dem roter Sandstein abgebaut wurde. 1935 hat man dann für die 1939 stattfindende Reichsgartenschau einen Ideenwettbewerb ausgeschrieben, wie man das Steinbruchareal neu gestalten könnte. Allerdings war die schöne Schau bereits nach fünf Monaten vorzeitig zu Ende, weil der Zweite Weltkrieg ausbrach. Während des Krieges wurde hier Gemüse für die Krankenhäuser der Stadt angebaut und 1941 war hier der Sammelplatz für die zur Deportation bestimmten Juden Stuttgarts. Während des Krieges zerstörten 180 Bomben das Gelände, aber ab 1949 begann der Wiederaufbau und 1950 eröffnete Bundespräsident Theodor Heuss die erste Deutsche Gartenbauausstellung. Auch 1961 wurde der Park in die Bundesgartenschau mit einbezogen.

Heute ist das Gelände nicht nur ein herrlicher Park mit einem Aufsehen erregenden Aussichtsturm, einem 3000 Quadratmeter großen Spielplatz, einem 42 000 Quadratmeter großen Freibad und durchfahren von einer 1939 erbauten Bahn, deren Strecke 2,3 Kilometer lang ist – und die 1995 mitsamt ihrer Anlage zum Kulturdenkmal erklärt wurde –, sondern hier befin-

Der filigrane Aussichtsturm auf dem Killesberg ist nur etwas für schwindelfreie Spaziergänger.

den sich bis zur Eröffnung der Landesmesse beim Flughafen auch Ausstellungshallen, in denen eigentlich immer »was los« ist. Der Killesberg ist Bestandteil des »Grünen U«, eines Verbundes aus Grünanlagen, die 1993 aus Anlass der Internationalen Gartenbauausstellung (IGA) zusammengefügt wurden.

Die Herkunft von einem Steinbruch erkennt man im Tal der Rosen, die unter den hohen Steinwänden stehen. Bereits kurz nach dem Winter erblühen rund 40 000 Tulpen, dazu Narzissen und Hyazinthen, im April und Mai sieht man im Primeltal ein buntes Blütenmeer aus über sechzig verschiedenen Primelarten. Dazu gibt es eine 3000 Quadratmeter große Sommerblumenwiese. Im Dahliengarten werden auf 2500 Quadratmetern rund 10 000 Dahlien gezeigt. Im Heidegarten sieht man im Winter verschiedenfarbige Eriken blühen. Anlässlich der IGA wurden die Seeterrassen mit Staudenpflanzen neu angelegt.

Seit dem 17. Juli 2001, dem 140. Geburtstag des Verschönerungsvereins der Stadt Stuttgart e. V., steht im Höhenpark Killesberg ein 43 Meter hoher Aussichtsturm. Über ihn schrieb der bekannte Garten- und Landschaftsarchitekt Professor Hans Luz: »In dem Kranz der vielen Aussichtspunkte, die durch das Wegesystem im Wartberg und Leibfriedschen Garten erschlossen werden …, bieten diese Plattformen den allumfassenden Blick auf die ganze Landschaft.«

Hier an der höchsten Stelle des Killesberges stand bereits 1950 zur Gartenschau ein Vorgänger dieses Turms. Ursprünglich sollte bereits zur Internationalen Gartenbauausstellung (IGA) 1993 wieder ein Turm entstehen, dies wurde jedoch vom Gemeinderat aus Kostengründen abgelehnt. Der jetzige Turm wurde vom Verschönerungsverein erbaut, wozu bereits in den neunziger Jahren Spenden gesammelt wurden. So konnte sich jeder Interessent für eine Spende von 1800 Mark (920 Euro) auf einer der 350 Treppenstufen mit einem persönlichen Datum verewigen. Die erforderliche Spendensumme war im Oktober 2000 erreicht. Vereinbart wurde, dass die ersten zehn Jahre der Verschönerungsverein Eigentümer des Turmes ist und ihn dann der Stadt übergibt. Verantwortlich für die Statik des filigranen, netzartigen Stahlbauwerks war Professor Jörg Schlaich. Etwa zwei Zentimeter dicke Drahtseile halten die 70 000 Kilogramm schwere Konstruktion. Nach acht, 16, 24 und 31 Metern ist jeweils eine Plattform eingebaut, damit der Aufstieg nicht zu beschwerlich wird. Eine »Einbahnstraßenregelung« sorgt dafür, dass sich die auf- und absteigenden Besucher nicht begegnen. Für sie gibt es jeweils eine eigene Treppenanlage mit je 175 Stufen.

Dann geht man wieder in Richtung des Eingangs zurück und orientiert sich an den Schienen des Bähnchens. Unterhalb der Schienen unterqueren wir die Stresemannstraße und kommen in das Wartberg-Gelände.

Auf dem **Wartberg-Gelände** ist die Natur etwas verwilderter; wir finden Kleingärten und Streuobstwiesen, immer wieder Kunstobjekte und Spielplätze. Das Gelände wurde Anfang der 1990er Jahre neu gestaltet. Die Mauern und Treppen stammen noch aus der Zeit, als hier Wein angebaut wurde.

Wir spazieren am Vereinsheim der Naturfreunde vorbei und kommen zur Kunststation Kreuzigungs-Bogen. Hier biegen wir nach links ab

Die »Scheintreppen« zum Aussichtsturm im Leibfriedschen Garten sind nur zum Ansehen gedacht.

und gehen in einem weiten Bogen bis unterhalb der Bebauung. Dann zieht der Weg wieder nach rechts, dann nach links und hinab zum Egelsee. Hier sieht man jede Menge Kunstobjekte, Wasserbecken und verschiedene Springbrunnen.

Hinter dem Egelsee überqueren wir auf dem Bombaysteg die Heilbronner Straße und gehen nun nach links zur bereits sichtbaren Bastion im Leibfriedschen Garten.

Der **Leibfriedsche Garten** liegt zwischen zwei belebten Verkehrsadern und wurde 1993 anlässlich der IGA als öffentliche Grünanlage ausgebaut. Hier befand sich die im Zweiten Weltkrieg zerstörte Villa Moser. Sie wurde ab 1875 im historistischen Stil erbaut, und ein drei Hektar großer Privatpark wurde angelegt. 1944 brannte sie nach einem Bombentreffer bis auf einen geringen Rest und den Mammutbaum ab. Nach verschiedenen Nutzungen und Bauplänen für das Gelände wurde es 1983 in die Liste der Kulturdenkmale eingetragen. Heute findet man hier Kunstwerke und den 309 Meter hoch gelegenen Aussichtspunkt »Bastion Leibfried«. An seiner Stelle befand sich einst der Wasserbehälter, aus dem der Springbrunnen des Parks gespeist wurde. Hierher kommt man auf verwirrend um den Hügel herum angelegten Wegen, die von im Sommer bunt blühenden und duftenden Naturwiesen umgeben sind; die »Scheintreppen« sind nicht zu begehen, da die Stufen zu steil sind. Oben hat man einen prächtigen Blick über die Stadt, außerdem kann man auf den 14 Texttafeln an der Brüstung viel Interessantes über die Architektur in Stuttgart lesen.

Wir verlassen die Bastion und gehen auf das weiße, tonnenförmige Bauwerk, eine Kunststation von Hans Dieter Schaal, zu. Dann spazieren wir den langen Gang entlang, steigen auf Treppenstufen hinab und halten uns rechts. Rechts des Weges sieht man den einzigen Baurest der Villa, außerdem steht hier der Mammutbaum. Davor halten wir uns auf dem Weg links und kommen zur Kunststation Gate of Hope, danach über den Lodzer Steg in den Löwensteinpark.

Rechts abbiegend spazieren wir zum Museum am Löwentor, wenn wir weitergehen zum Schloss Rosenstein.

Im 1981 bis 1985 erbauten **Museum am Löwentor** werden berühmte Funde aus längst vergan-

genen Zeiten gezeigt. Berühmt sind insbesondere die Saurier der Triaszeit (zum Beispiel Dinosaurier aus Trossingen) oder die ältesten Schildkröten der Erdgeschichte, Funde aus Holzmaden, Säugetiere aus dem Tertiär und der Eiszeit.

Erste Arbeiten, die später zum **Schloss Rosenstein** führten, begannen 1810, als König Friedrich I. die Hauptallee des Schlossparks vom Stuttgarter Schloss fast bis Cannstatt verlängern ließ. 1818 begann König Wilhelm I., auf dem damals noch Kahlenstein genannten Hügel sich einen Sommersitz im Stil des Klassizismus zu errichten. Erbaut wurde die Anlage dann 1824 bis 1829 nach Plänen von Hofbaumeister Giovanni Salucci. Sie wurde im Stil eines weiträumigen, vornehmen Landhauses im italienischen Stil mit Terrassen, Teichen, Springbrunnen, Rosengarten und Skulpturen errichtet. Im Rosengarten befinden sich Skulpturen, die als »weibliche Nuditäten« bereits Bismarck beeindruckten. Der Park um das Schloss wurde von König Wilhelm I. im Stil eines englischen Landschaftsgartens angelegt und umfasst mit rund 100 Hektar immer noch etwa 60 Prozent seiner einstigen Fläche. Er wirkt mit seinem alten Baumbestand auch heute noch recht naturbelassen. Im Schloss befindet sich ein reich ausgestattetes **Naturkundemuseum**.

Um das Schloss Rosenstein ließ König Wilhelm I. einen weitläufigen Park anlegen.

Mitten in der Großstadt: Graureiher im Schlossgarten

Nun muss man sich entscheiden, ob man die Museen besichtigt, am Löwentormuseum an der Haltestelle Nordbahnhof mit der S- oder Stadtbahn oder unterhalb des Rosensteinmuseums an der Haltestelle Mineralbäder mit der Stadtbahn zurückfährt oder durch die Schlossgärten zum Zentrum marschiert

Länge:

Killesberg–Mineralbäder etwa 5 Kilometer, Mineralbäder–Zentrum etwa 3 Kilometer.

Zeit:

Killesberg–Mineralbäder etwa 1 ½ Stunden (ohne sonstige Spazierwege oder Besichtigungen), Mineralbäder–Zentrum etwa 1 Stunde.

Architektur schnuppern im Westen – Teil 1

Nachfolgend sind drei Spaziergänge beschrieben, die uns durch den Stuttgarter Westen führen (Touren 2, 3 und 4). Dieser Stadtteil, der heute noch ein beliebtes, lebendiges und stadtnahes Wohngebiet ist, war früher Wohngegend vornehmer und reicher Bürger – was man nicht zuletzt an den vielen, zum Glück noch erhaltenen prunkvollen Wohngebäuden sieht. Die schönsten stammen aus der Periode zwischen Historismus und Jugendstil, manche auch aus der nachfolgenden Zeit der Neuen Sachlichkeit. Nüchterne Zweckbauten, in der Wirtschaftswunderzeit nach dem zweiten Weltkrieg erbaut, liegen dazwischen. Leider fallen sie qualitativ ab gegenüber den früheren Bauperioden.

- **Ausgangspunkt:**
  S-Bahn-Station Feuersee (alle S-Bahn-Linien).

- **Rückfahrt:**
  S-Bahn-Station Stadtmitte (alle S-Bahn-Linien).

- **Wegverlauf:**
  Gleich am Ausgangspunkt, wenn wir die S-Bahn-Station verlassen, sollten wir auf der Südseite der Rotebühlstraße das Gebäude 83 der Firma Waldbaur beachten, das mit einer schönen Wappenkartusche über dem Eingang verziert ist. Weiter sollten wir bei Gebäude 87/87a einen Blick in den Innenhof werfen. Hier sieht man ebenfalls ein Wappen an der Fassade, außerdem ein altes Firmenschild mit der Aufschrift: »Chocolade- und Bonbonsfabrik Gebrüder Waldbaur Königliche Hoflieferanten«, das an die bedeutende Schokoladenfabrik Waldbaur erinnert.

Frühlingsblüten in engen Häuserschluchten

Nun spazieren wir zuerst stadtauswärts. Auf der rechten Seite werfen wir einen Blick auf das Gebäude Rotebühlstraße 66, das 1905/06 von den Jugendstilarchitekten Eisenlohr und Weigle mit barocken Anklängen und Erkern im Neuen Stil erbaut wurde. Die Gebäude 97 und 99 wurden von den gleichen Architekten errichtet und gehen auf dieselbe Bauherrin zurück wie die unten beschriebenen Gebäude in der Knospstraße. Die Villa Knosp, Wohnsitz des reichen Wohltäters und Teilhabers der Badischen Anilin- und Sodafabrik Rudolph von Knosp, findet man übrigens in der Rotebühlstraße 72. Sie wurde 1859 von Joseph von Egle mit Anklängen an die englische Landschaftsarchitektur und die niederrheinische Baukunst des 16. Jahrhunderts erbaut.

Wir überqueren die Senefelderstraße, der wir aber wenigstens einen Blick gönnen sollten. Beachtenswert sind die Backsteingebäude. Dann biegen wir in der folgenden Knospstraße nach links ab. Die Eckhäuser besitzen prächtige Säulen und Arkaden. Auch dieses Areal wurde von den Jugendstilarchitekten Eisenlohr und Weigle errichtet. Auftraggeber war die Witwe des Farbenfabrikanten Rudolph Knosp, Sophie Knosp. Diese ehemalige Knosp'sche Siedlung mit Handelsschule wurde 1902 bis 1904 in einer Stilmischung von Jugendstil und Späthistorismus mit Anklängen an die Neorenaissance

Im Westen findet man noch viele sehenswerte Hausdetails.

sowie mit neugotischen, neobarocken und Jugendstil-Dekorelementen erbaut. Die Gebäude in dieser ehemaligen Privatstraße besitzen prächtige Fassaden. Wir sollten außerdem den Blick nach oben richten, um die geschwungenen Giebel zu bewundern.

In der Augustenstraße halten wir uns links. Die Häuser hier wurden in der zweiten Hälfte des 19. Jahrhunderts im Stil des Historismus erbaut: Nummer 39 (1895, mit spätgotischer Bauplastik), Nummer 40, 42 und 44 (1871/72 mit unverputztem Ziegel- und Werksteinmauerwerk im Stil der Neorenaissance mit italienischen und deutschen Schmuckelementen), 41 und 43 (1888/89, aus Ziegelsteinen, mit Werksteinfassaden im Stil der Neorenaissance).

Wir spazieren weiter und halten uns in der Hermannstraße rechts bis zur Reinsburgstraße, in der ebenfalls prächtige historistische und Jugendstil-Fassaden zu bewundern sind, und hier wieder links zur Silberburgstraße.

Am besten gehen wir jetzt kurz auf der linken Straßenseite, dann sehen wir das mächtige, architektonisch beeindruckende Allianzgebäude besser.

Der **Gebäudekomplex der Allianz** (Reinsburgstraße 19) wurde für die 1854 gegründete Lebensversicherungs- und Ersparnisbank in mehreren Bauphasen erstellt. An ihm sieht man schön, wie sich in den wenigen Jahrzehnten bis Anfang des 20. Jahrhunderts der Baustil von der reichen barocken Formenwelt hin zum nüchternen Neoklassizismus entwickelte. Die in der ersten Periode errichteten Gebäude sind prächtige Beispiele der repräsentativen Monumentalbaukunst des Wilhelminischen Zeitalters. Der Gebäudekomplex an der Ecke zur Reinsburgstraße wurde 1888 bis 1900 von den Architekten Eisenlohr und Weigle erbaut, der südliche Anbau stammt von 1912 bis 1914.

Dann biegen wir nach rechts in die Mörikestraße ein und spazieren am Fuß der Karlshöhe entlang. Rechts sehen wir die beeindruckende Anlage der Villa Gemmingen mit Wirtschafts- und Stallgebäuden; es ist ein verputzter Sandsteinbau mit Werksteingliederungen. Hier wohnte die Tochter von Gustav Siegle. Er war Chemiefabrikant im Stuttgarter Westen; seine Fabriken gehörten zu den Vorläufern der BASF. Die Anlage wurde 1910 für den Königlichen Kammerherrn Fritz Freiherr von Hemmingen-Hornberg errichtet.

Nun steigt es leicht an. Am Gebäude Mörikestraße 24, der Villa Ostertag-Siegle, sehen wir schöne Erker und Balkone. Zu dem zwischen 1886 und 1909 erbauten Anwesen (Nummer 24, 24a, 24/1a, 24b) gehörten außer der Villa noch ein ehemaliges Stallgebäude, eine Automobil-Remise mit Chauffeurwohnung und der Garten, in dem sich heute das Lapidarium befindet. Ein Besuch empfiehlt sich, aber falls man nicht möchte oder es geschlossen ist, sollte man zumindest die großen Mammutbäume dahinter bewundern.

Der auch Wellingtonie genannte amerikanische **Gebirgsmammutbaum** wurde erst 1850 in der Sierra Nevada (Kalifornien) entdeckt. Die Entdeckung erregte ein derartiges Aufsehen, dass der Baum von den Engländern nach Feldmarschall Wellington, ihrem Nationalheiligen, »Wellingtonia«, von den Amerikanern »Washingtonia« benannt wurde. Wissenschaftlichen Untersuchungen zufolge können die Bäume bis zu 130 Meter hoch werden. Die ersten Bäume kamen 1853 nach Europa, in Württemberg ließ König Wilhelm I. Samen in den Kalthäusern der Wilhelma aussäen. Die Topfpflänzchen wurden im Jahre 1865 an die Staatswaldungen im Land verteilt, um zu erproben, ob dieser Baum, der schnell wächst und große Holzmengen liefert, auch in unseren Wäldern heimisch wird. Allerdings sind in dem kalten Winter 1879/80 die meisten der Bäumchen erfroren.

An den Gebäuden Nummer 32 (1896) und 34 (1905) sehen wir geschmückte Erker und Fenster in einer Stilmischung zwischen Barock und Rokoko mit Jugendstilelementen. Links folgt dann Nummer 21 in einem historisierenden Baustil mit Renaissance-Staffelgiebel (1895/96).

Nun gehen wir durch die Hohenzollernstraße. Haus Nummer 1 besitzt einen runden Treppenturm. Rechts sehen wir das August-Hartmann-Haus; die Metalltafel erzählt uns von Johann Georg August von Hartmann, Staatsrat und geheimer Rat (1764–1849). Er war Präsident der Zentralleitung des Wohltätigkeitsvereins in Württemberg, der sich ab 1956 Landeswohlfahrtswerk für Baden-Württemberg nannte. Nach links hat man nun ab und zu schöne Ausblicke hinab ins Tal und zu den gegenüberliegenden Höhen.

An der Oscar-Heiler-Staffel sollten wir die Portale links und rechts der Stäffele beachten. Wo die Schickhardtstraße abgeht, sehen wir geradeaus unten ein Jugendstilhaus mit schön gestalteten Giebeln, davon einer mit Fachwerk. Nun spazieren wir auf der Hohenzollernstraße nach rechts hinauf. Am besten gehen wir auf der linken Seite, dann sehen wir rechts die Häuser besser. Beeindruckend ist Haus 22, das eine Stilmischung mit Säulen (Renaissance) und Landhausstil (so genanntes Schweizerhaus) vereinigt. Haus Nummer 24 ist eine Villa im Stil zwischen Neobarock und Neoklassizismus. Es besitzt ein beeindruckendes Eingangsportal, das an das römische Pantheon oder, uns näher liegend, die Abteikirche in Sankt Blasien erinnert.

Wo die Wannenstraße nach links abbiegt, gehen wir auf ihr einige Schritte nach links. Hier sieht man nicht nur auf das geschmückte Eingangsportal des Schwabtunnels hinab, sondern hat auch einen weiten Blick über die Hauslandschaft. Haus Nummer 2 ist ein 1904 bis 1906 erbautes Jugendstilhaus, das auch Elemente des Neoklassizismus enthält.

Nun halten wir uns rechts in die Hasenbergsteige. Links steht ein 1900 von Emil Kiemlen errichtetes Denkmal für den Dichter Johann Georg Fischer. Weiter unten, wenn wir einen Abstecher machen wollen, befindet sich der Gänsepeterbrunnen.

Der **Gänsepeterbrunnen** stellt einen Gänsehirten dar, der gerade seine entlaufenen Gänse einfängt. Diese dienen als Wasserspeier, außerdem kommt das Wasser aus einem weiter unten angebrachten Kopf. Der Brunnen erinnert an die Zeit, als an Martini (11. November) viele Gänse aus den umliegenden Dörfern auf den Markt nach Stuttgart getrieben wurden. Damals spielten sich solche Szenen wohl öfter ab. Stilgerecht wurde er dann auch an Martini 1901 eingeweiht. Geschaffen haben ihn die Professoren Paul Lauser und Theodor Bausch sowie Hugo Pelargus in einer Mischung zwischen Neobarock und Jugendstil.

Kurz danach gehen wir nach rechts zur Karlshöhe hinauf. Wir spazieren auf einem Schotterweg durch verwilderte Gärten – man glaubt nicht, was es noch an ursprünglicher Natur mitten in der Stadt gibt!

Das Gelände der **Silberburganlage/Karlshöhe** (343 m) am Ausläufer des Hasenbergs gehört zu den beliebtesten Grünanlagen im Stuttgarter Westen. Besitzer waren früher die Familien Knosp und Siegle, die hier im Stuttgarter Westen Chemiefabriken besaßen, aus denen sich später die BASF entwickelte. Die Familie Siegle erbaute 1870 am Jean-Améry-Weg eine Villa. Sie brannte 1944 ab, die Reste wurden 1953 abgebrochen. Nur noch der Athene-Brunnen blieb hier übrig. Von den ganzen vornehmen

Gebäuden steht nur noch die Villa Gemmingen (siehe oben) in der Mörikestraße, in dem die Tochter des Industriellen Gustav Siegle wohnte. Oben auf dem Hügel befand sich an der Stelle der heutigen Aussichtsterrasse das Sommerdomizil der Familie. Der Verschönerungsverein gestaltete 1889 bis 1896 den Gipfel als öffentliche Parkanlage. 1961 wurde der kleine Park am Reinsburghügel für die Bundesgartenschau neu hergerichtet. Es gibt einen kleinen Weinberg – der Berg galt früher als eine der besten Weinlagen der Stadt –, eine Cafeteria, eine Aussichtsplattform und Kinderspielplätze. Beim Aufstieg von Norden her kann man nach Norden zur Johanneskirche sehen; von der Plattform aus reicht der Blick vor allem nach Süden und wird begrenzt von den dahinter liegenden Höhenzügen mit Frauenkopf- und Fernsehturm. Leider ist die Aussicht mittlerweile ziemlich zugewachsen. Trotzdem hat eine große Stuttgarter Zeitung einmal geschrieben: »Die Karlshöhe – neben dem Fernsehturm ist sie vielleicht Stuttgarts schönste Aussichtsplattform.«

Auch wenn dieser Erker die Wohnfläche nicht nennenswert vergrößert, so ist er doch ein großartiger Fassadenschmuck.

Auf der Höhe behalten wir unsere Richtung bei und kommen wieder hinab. Kurz vor der Silberburgstraße sehen wir einen Brunnen mit drei Frauenfiguren, der an Elly Heuss-Knapp, die Frau des ersten Bundespräsidenten Theodor Heuss und Gründerin des Müttergenesungswerks, erinnert.

Nun spazieren wir die Marienstraße hinab zur Fritz-Elsas-Straße. Hier geht es nach links zur S-Bahn-Haltestelle Stadtmitte.

- **Länge:**
  Etwa 3 Kilometer.

- **Zeit:**
  Etwa 1 Stunde.

Architektur schnuppern im Westen – Teil 2

- **Ausgangspunkt:**
  S-Bahn-Station Feuersee (alle S-Bahnen).

- **Rückfahrt:**
  Haltestelle Schloss-/Johannesstraße (Stadtbahnlinien U 4 und U 9).

- **Wegverlauf:**
  Zuerst sollten wir einen Blick auf die evangelische Johanneskirche werfen.

Die evangelische **Johanneskirche** wurde 1864 bis 1876 auf einer Halbinsel im Feuersee – einem Löschteich – nach Entwürfen von Christian Friedrich Leins als erster nachmittelalterlicher Kirchenbau in Stuttgart errichtet. Sie wurde im Stil der französischen Hochgotik erbaut und zählt zu den Hauptwerken der Neugotik im Land. Im Stil des berühmten Baumeisters Schinkel sollte sie sich im Wasser spiegeln. Der im zweiten Weltkrieg zerstörte Turmhelm wurde nicht mehr erneuert und der geköpfte Turm ist somit ein Mahnmal gegen Kriegszerstörungen. Die Fenster im Chor wurden 1969 durch Rudolf Yelin neu gestaltet, für die Fenster im Querhaus zeichnete Adolf Saile verantwortlich (1977 und 1980).

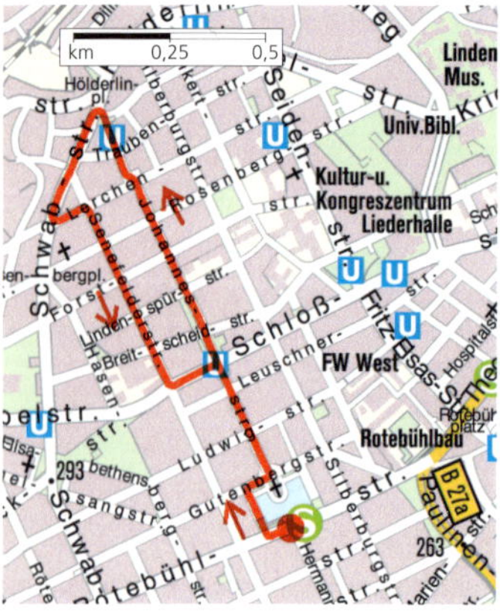

Wir gehen links (westlich) des Sees den Feuerseeplatz hinauf. Hier sehen wir an Haus Nummer 13 eine schöne historistische Fassade (Renaissance und Spätklassizismus) mit Balkon; Gebäude 12 ist aus hellem Backstein erbaut. Hinter der Kirche folgen wir der Johannesstraße. Sie war in Stuttgart der erste Boulevard im Stil des 19. Jahrhunderts. Das Eckhaus 9b wurde 1887 in schlich-

Die neugotische Johanneskirche, 1865 bis 1876 von Christian Friedrich Leins erbaut, liegt auf einer Halbinsel im Feuersee.

tem historistischem Stil mit Elementen der deutschen und italienischen Neorenaissance erbaut, Nummer 13 und 15 dagegen schon aufwändiger mit zwei Balkonen (1891). Es folgen die sehenswerten Gebäude Nummer 19 (Neorenaissance, 1893/94) und 21 (Neubarock, 1895), auf der rechten Straßenseite Haus 20, das 1871/72 mit neoklassizistischen und Neorenaissance-Elementen erbaut wurde. Nun sollten wir einen Blick in die Leuschnerstraße werfen. Danach ist Haus 23 ein Blickfang.

Wenn wir die Schlossstraße überqueren, beachten wir links hinter der Stadtbahnhaltestelle das auffallende Gebäude. Danach sticht uns das Haus Johannesstraße 35 mit seiner interessanten roten Fassade ins Auge. Nun folgen die sehenswerten Häuser 47 und 49 (Neorenaissance mit kunsthandwerklichen Dekorationsformen und dreistöckigem Erker) und das rote Haus Nummer 62 (1897/99), das im Stil der Neorenaissance erbaut wurde und mit orangefarbenem Backstein abgesetzt ist. Dahinter schauen wir links und rechts in die Rosenbergstraße, wobei links ein Jugendstilhaus, rechts zwei Häuser mit schönen Hauseingängen unser Interesse wecken.

Nun folgt ein Straßenabschnitt mit einer geschlossenen, einheitlichen Bebauung mit zahlreichen sehenswerten Häusern auf der linken und rechten Seite.

Auch in die querende Lerchenstraße werfen wir einen Blick, wobei rechts das Haus mit der »runden

Wer durch die Straßen schlendert, findet so manch schönes Detail.

Ecke« unser Interesse weckt. Danach kommen wir zu dem mächtigen Prachtbau der Landwirtschaftlichen Genossenschaft. Anschließend folgt eine Zeile von Jugendstilhäusern, bei denen wir auf die unterschiedlichen Giebel und die mit Skulpturen geschmückten Eingänge achten.

Nach links werfen wir einen Blick in die Traubenstraße, die eine Straßenszenerie mit schlichten, aber teilweise bunten Hausfassaden mit Erkern bietet.

Modern gestaltet ist die folgende Endstation der Stadtbahnlinie U 2. Wir gehen hoch bis zur nächsten Querstraße. Hier spazieren wir ein Stück nach rechts in die Hölderlinstraße, wo eine ganze Zeile sehenswerter Häuser steht. Vor allem auf der linken Straßenseite sehen wir schöne Gebäude.

Wir spazieren zurück und die Schwabstraße entlang, wobei wir verschiedene Jugendstilfassaden bewundern. Besonders interessant sind die Fassade des Hauses Nummer 189 (1910, Bauplastik im Stil des Neoklassizismus und Jugendstil) und der Eingang zu Haus 124. Danach werfen wir nach links einen Blick in die Traubenstraße und nach rechts in die Vorsteigstraße.

Nach links in die Lerchenstraße abbiegend sehen wir links ein schönes Eckhaus mit flachen Erkern. Interessant sind der Eingang zu Haus Nummer 81, dann die folgenden, aus Backsteinen und Sandsteinen errichteten Gebäude. Zu bestaunen ist auch das neugotische Haus Lerchenstraße 80 von 1899/90, das eine Doppeltür mit einem prächtigen Skulpturenrelief zeigt, ebenso die weiteren Häuser hier. Danach biegen wir nach rechts in die Senefelderstraße ein.

Auch Gebäude Senefelderstraße 109 besitzt eine »runde Ecke«; es ist in dem der Jugendstilzeit nachfolgenden Stil der Neuen Sachlichkeit erbaut. Wir sollten jetzt einen Blick in die Rosenbergstraße werfen. Danach folgt eine Reihe langweiliger Nachkriegsbauten ohne Schmuckelemente oder architektonische Besonderheiten.

Das neubarocke Haus Lindenspürstraße 33, auf das wir dann treffen, wurde 1912 aus wuchtigen Sandsteinen, darüber aus Backsteinen erbaut. Nun folgen in der Senefelderstraße viele interessante Häuser, zum Teil mit sehenswerten Eingängen wie beim neubarocken Gebäude 72 a/72 b (1911/12) oder einem Doppeleingang wie beim Haus 69 b/69 c, das 1904/05 in einem Stilgemisch von Gotik, Barock und Jugendstil erbaut und geschmückt wurde.

Beeindruckend ist auch das markante, elegante Eckhaus an der Breitscheidstraße. Auch an den weiteren zwei Straßenecken sowie in der Breitscheidstraße stehen sehenswerte Häuser. Wir gehen nun weiter bis zur Schlossstraße und nach links zur Haltestelle Schloss-/Johannesstraße der Stadtbahnlinien U 4 und U 9.

- **Länge:**
  Etwa 3 Kilometer.

- **Zeit:**
  Etwa 45 Minuten.

Doppeleingang mit Kartuschenschmuck am Haus Senefelderstraße 69b/69c

Architektur schnuppern im Westen – Teil 3

■ **Ausgangspunkt:**
S-Bahn-Station Schwabstraße (alle S-Bahnen).

■ **Endpunkt:**
S-Bahn-Station Schwabstraße oder Feuersee (alle S-Bahnen).

■ **Wegverlauf:**
Wir verlassen die Station am stadteinwärts liegenden Ausgang auf der südlichen Seite. Nun gehen wir kurz die Rotebühlstraße hinab und biegen nach rechts in die Reuchlinstraße ein. Hier sollten wir die Gebäude 15, 13, 8 und 6, alle im Stil des Historismus aus hellem Backstein mit schön gestalteten Fenstern erbaut, beachten. In der Augustenstraße halten wir uns rechts. Hier sind Haus 67 c mit seinem schönen Hauseingang mit Kartuschen und die zwei mit sehenswerten Erkern geschmückten Gebäude links beachtenswert. Auch das Gebäude rechts (Nummer 84 a und b) ist interessant; es wurde als Straßenbahner-Wohnhaus 1902 aus Back- und Sandstein erbaut.

Wir überqueren die Schwabstraße. Dahinter beachten wir vor allem die in der Augustenstraße rechts erbauten Häuser. Haus 84 (1902) besitzt einen schmucken Jugendstilgiebel, die Häuser Nummer 96 bis 100 wurden 1908 als Straßenbahner-Wohnhäuser als u-förmige Anlage in einer Stilmischung zwischen Neobarock und Neoklassizismus erbaut und zeigen interessante Backsteinfassaden.

In der Rötestraße halten wir uns links. Das Eckhaus an der rechten Straßenseite besitzt einen schönen Erker. Danach folgen Häuser mit interessanten Fassaden aus Back- und Sandstein. Gleich darauf biegen wir nach rechts in die Reinsburgstraße ein, der wir nun eine Weile folgen. Am besten gehen wir auf der linken Straßenseite, denn so sehen wir die gelungenen Architekturbeispiele auf der rechten Seite besser. Zuerst folgt eine geschlossene Front von Häusern im Stil des Historismus mit Erkern und Schmuckelementen. Besonders schön sind die Häuser Nummer 136 bis 122 auf der rechten Seite.

Später ist das Straßenbild kurz von moderneren und schmucklosen Häusern bestimmt. Reinsburgstraße 146 ist ein stilvolles Jugendstilhaus mit einem prächtigen Hauseingang. Sehenswert sind auch die 1908 erbauten Gebäude Nummer 152, 154 und 158, das letztgenannte mit klassizistischen Anklängen. Nummer 160 ist ein schönes Jugendstilhaus von 1904/06 mit neubarocken Elementen.

Danach folgen die sehenswerten Gebäude Nummer 162 (Historismus) und 164 (Jugendstil). Auch die nächsten Häuser sind reich geschmückt. Beachten sollten wir Haus 180 (1902) mit Elementen der Neugotik und der Neorenaissance und die folgenden Gebäude auf der rechten und linken Straßenseite.

Wir gehen bis zum Ende der Reinsburgstraße, wo wir besonders die 1912/13 errichteten Gebäude links (Nummer 199 bis 201) beachten, die im Übergang vom Jugendstil zur Neuen Sachlichkeit erbaut wurden; auf der rechten Seite ist insbesondere Nummer 218 mit seinem schönen Giebel beachtenswert. Es wurde 1909/10 mit Jugendstil- und neobarocken Elementen erbaut. Hier sollten wir einen Blick in die Rotenwaldstraße werfen. Die Häuser Nummer 86 und 84 rechts

Aufwändiger Schmuck am Hauseingang

besitzen bemerkenswerte Fassaden. Ansonsten gehen wir in der Reinsburgstraße etwas zurück und biegen nach links in die Obere Bismarckstraße ein. Es geht, erst auf Staffeln, abwärts. Links besitzt Haus 80 einen Hauseingang mit einem schön gestalteten Relief.

Wir überqueren den Leipziger Platz und gehen etwas nach rechts versetzt durch die Grünanlage. Rechts sehen wir die 1947 bis 1949 erbaute griechisch-orthodoxe Kirche. Man sollte einen Blick durch die Glastüren auf die mit Gold verzierten Holztüren im Inneren werfen. Danach spazieren wir durch die

Im Jugendstil wurden viele Häuser mit Masken verziert.

Bismarckstraße weiter. Haus Nummer 64 auf der linken Seite besitzt ein Relief über dem Hauseingang und schöne Säulenapplikationen. Nun folgt eine Reihe sehenswerter Häuser, die im ersten Jahrzehnt des 20. Jahrhunderts erbaut wurden und an denen man vor allem die Eingänge beachten sollte. Auch die Eckhäuser auf der rechten Seite an der Kreuzung mit der Seyfferstraße sind überaus gelungen gestaltet. Wir werfen kurz einen Blick in die Verlängerung der Bismarckstraße, dann folgen wir der Seyfferstraße nach links. In der Paulusstraße halten wir uns rechts. Hier sehen wir interessante Häuser mit sehenswerten Hauseingängen, vor allem die Häuser Nummer 8 und 10 (1903) verdienen unsere Beachtung.

Wenn wir nach links in die Rötestraße abbiegen, haben wir einen guten Eindruck einer großstädtischen »Häuserschlucht«. Vor allem an der Kreuzung zur Vogelsangstraße ste-

Mächtige und vornehme Mietshäuser – wie hier an der Kreuzung Rötestraße/Vogelsangstraße – sind typisch für den Stuttgarter Westen.

hen sehenswerte Eckhäuser. Beachtenswert ist das Eckhaus mit dem massigen Erker mit Reliefschmuck. Wir folgen noch etwas der Gutbrodstraße, in der wir zahlreiche Häuser mit Jugendstilelementen sehen, und biegen dann nach rechts in die von großbürgerlichen Bauten aus den ersten Jahren des 20. Jahrhunderts bestimmte Elisabethenstraße ein. Rechts folgt vor dem Bismarckplatz die Elisabethenkirche.

Die **neuromanische katholische Kirche Sankt Elisabeth** wurde 1900 bis 1901 von Joseph Cades in Anlehnung an die französische Romanik und Gotik aus Backstein erbaut, nachdem Konsul Franz Scharpff und seine Frau Emilie 100 000 Mark gespendet hatten. Der Anlass war der Tod ihrer 13 Jahre alten Tochter Elisabeth. Sie verlangten nur, dass die Kirche ein schöner Bau werden und »Zur heiligen Elisabeth« genannt werden solle. Zur Weihe am 12. November 1901 war König Wilhelm II. anwesend. Seit seiner Renovierung 1988/89 ist der Innenraum wieder in den ursprünglichen Farben von 1901, Weiß, Grau und Rosa, gestaltet.

Danach überqueren wir den Bismarckplatz und spazieren die Elisabethenstraße weiter bis zur Hasenbergstraße. Hier sehen wir auf der rechten Seite schöne Häuser mit Erkern und Skulpturenschmuck.

In der Hasenbergstraße halten wir uns rechts und spazieren bis zur Rotebühlstraße. Vor allem die beiden letzten Häuser auf der rechten Seite sind noch einmal reich geschmückt.

Die Elisabethenkirche am Bismarckplatz geht auf den Tod eines Mädchens zurück.

In der Rotebühlstraße können wir uns rechts zur S-Bahn-Station Schwabstraße oder links zur Station Feuersee halten. Am Feuersee können wir die Architekturspaziergänge 1 oder 2 anschließen lassen.

- **Länge:**
  Etwa 4 Kilometer.

- **Zeit:**
  Etwa 1 Stunde.

Spritzen, sprudeln, blubbern: Die Stuttgarter Brunnentour

Stuttgart – Stadt der Brunnen? Warum nicht? Wer aufmerksam durch die Straßen schlendert, wird es an allen Ecken und Enden plätschern und sprudeln hören. Und so spazieren wir bei dieser Tour von Brunnen zu Brunnen und erleben, wie unterschiedlich sie gestaltet sein können. Wir kommen an alten Wasserstellen vorbei, aber auch an modernen Kunstwerken – man sieht, das Spiel mit dem nassen Element hat schon früher die Menschen bezaubert und übt auch heute noch seine Reize aus. Warum also nicht einmal eine Stadtbesichtigung auf den Spuren des Wassers unternehmen?

Vom Duden werden Brunnen als »mit einer Einfassung, Ummauerung, einem Becken o. ä. versehene Stelle, an der Wasser entnommen werden kann« erklärt. Im Internet kann man unter www.wissen.de lesen: »Bezeichnung für alle künstlich geschaffenen Wasseranlagen, die der Verschönerung von Gärten und Parks dienen, indem sie sich mit technisch-automatischen Einrichtungen die Beweglichkeit des Wassers zu Nutze machen, z. B. Fontänen, Kaskaden, Wasserspiele.«

Der Name kommt vom mittelhochdeutschen Wort brunne und ist verwandt mit dem altenglischen brunna und dem schwedischen brunn, auch das Wort Born geht auf Brunnen zurück, ebenfalls das seit dem 18. Jahrhundert in der Literatur benutzte Wort Bronnen. Bereits in frühchristlicher Zeit diente der Begriff Paradiesbrunnen als Hinweis auf die Erquickung der Seelen im Paradies. Im späten Mittelalter unter dem Einfluss der Mystik wurden sie zum Gnadenbrunnen – in ihm wurde die Erlösung durch das Blut Christi allegorisch verbildlicht. Daraus entwickelte sich im 16. Jahrhundert das Motiv des Jungbrunnens. Diese auch in Märchen und Sagen erwähnten Jungbrunnen

Die »Wassertische« im Mittleren Schlossgarten wurden zur Bundesgartenschau 1961 nach einem Entwurf von Fitz Faller geschaffen.

(Lebensbrunnen, lat. fons vitae) spendeten Lebenswasser, durch das alte Menschen angeblich wieder jung werden sollten.

In Mitteleuropa sind Brunnen bereits seit der Jungsteinzeit nachzuweisen, im Orient seit dem 4. Jahrtausend vor Christus. 1414 erbaute man in Augsburg die erste Anlage zur Trinkwasserhebung in Deutschland.

Künstlerisch gestaltete Brunnen – und solche werden wir bei diesem Stadtspaziergang besuchen – gibt es seit dem Altertum. So besaßen die Villen der Römer oft größere Wasseranlagen. Auch in der orientalisch-islamischen Gartengestaltung waren Wasseranlagen dominierend. Das Mittelalter war hier wie so oft bescheidener, es kannte nur Mehrschalen- und Stockbrunnen – ein berühmter steht beispielsweise im Kloster Maulbronn –, außerdem Wasserbecken in den Gärten der Klöster und Bürger. Seit der Renaissance liebten es Fürsten, ihre Parkanlagen mit Brunnen und Wasserspielen zu verschönern. Jetzt und im folgenden Barock war die Blütezeit des Figurenbrunnens, der oft mit Sagengestalten der antiken Meeresmythologie verziert wurde.

Ihre Funktion der Wasserversorgung der Bevölkerung verloren die Brunnen mit der Einführung der Hauswasserversorgung im 19. Jahrhundert.

Bereits 1304 wurde das erste Mal ein Brunnen in Stuttgart, der »Löbenbrunnen«, im Lagerbuch des Esslinger Spitals erwähnt. Trotzdem hieß es 1565, Stuttgart sei eine wasserarme Stadt. Allerdings wurde 1624 vom Hofregistrator Johann Jakob Gabelkover vermerkt, dass die Stadt »mit guetem, kielem, frischem und gesundem Bronnenwasser reichlich gesegnet« sei. Damals gab es in Stuttgart 25 öffentliche Laufbrunnen, ebenso viele Schöpfbrunnen und zahlreiche private Brunnen. Die Zahl stieg bis 1856 auf 783 Brunnen an.

Stuttgart, genau gesagt Bad Cannstatt, besitzt nach Budapest das größte Mineralwasservorkommen in Europa, der Neckar und nicht zu vergessen der Nesenbach (der allerdings nur unterirdisch) fließen durch die Stadt. Außerdem gibt es in Stuttgart rund 250 Brunnen. »Stuttgart du Wässrige« heißt es daher auch im »Ausflugs-Verführer Stuttgart«.

Auf eine besondere Art von Brunnen soll noch hingewiesen werden: 1511 wurde anlässlich der Hochzeit des Herzogs Ulrich mit der bayerischen Prinzessin Sabina vor dem Schloss ein achtröhriger Brunnen aufgestellt, der hellen und roten Wein spendete, damit man auf das Wohl des jungen Paares trinken konnte.

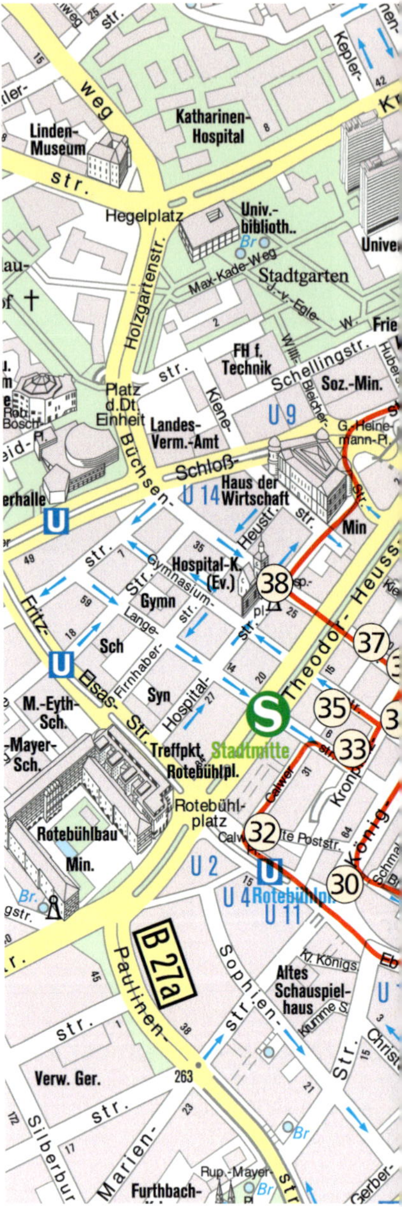

■ Ausgangspunkt:

Hauptbahnhof (alle S-Bahn-Linien, verschiedene Stadtbahnlinien, Straßenbahnlinie 15, Busse).

Zentraler Omnibus-bahnhof
Carl-Zeiss-Planetarium
Arnulf-Klett-Platz
Hauptbhf.
Schiller-str.
Kronen-str.
B 27
Königstr.
Bolzstr.
Domkirche St. Eberhard
Königsbau
Stadt-mess.-amt
NWS
Stephanstr.
Stauffenbergstr.
Kunstgeb.
Kl. Haus
Landes-Pavillon
Staatsgalerie
Staats-Theater
Landtag
Neues Schloß
Schillerpl.
Altes Schloß
Karlsplatz
Stifts-K.
Markthalle
Dorotheen-str.
Innenmin.
Inst. f. Auslandsbez.
Charlottenpl.
Wilh.-palais
Landes-bibl.
Haupt-staats-archiv
Hs.d. Geschichte
Hochsch. f. Musik
Gerichte
Ulrichstr.
Urbanstr.
Archivstr.
Olgastr.
K.-Adenauer-Str.
Konrad-
Willy-Brandt-
Neckar-Realsch.
Gebh.-Müller-Pl.
Königin-Kath.-Stift.
Urbansplatz
Jugend-herbg.
Schützen-pl.
Kerner-pl.
Krhs
Haußmann-str.
Wagenburgstr.
Gerok-stffl.
Diemershalden-str.
Wera-str.
Moser-str.
Eugens-pl.
Alexander-str.
Pfizerstr.
Gaisburgstr.
Charlotten-str.
Rosen-str.
Brenner-str.
Wagner-str.
Weber-str.
Katharinen-str.
Blumen-str.
St.-Konrad K. (Kath.)
Bethesda Krhs.
Techn. Obersch.
Jakob-sch.
FW Süd
Wilhelmsplatz
Wilhelmstr.
Hauptstätter Str.
Holzstr.
Esslinger Str.
Leonhards-pl.
Leonh.-K. (Ev.)
Rathaus
Marktpl.
Rat-hs.
G.-Siegle-Hs.
Pfarrstr.
Lazarettstr.
Nagelstr.
Wächter-str.
Richard-
km 0,1 0,2
1 2 3 4 5 6 7 8 9 10 11 12 13 14 15 16 17 18 19 20 21 22 23 24 25 26 27 28 29 40

Wegverlauf:

Wir beginnen unseren Stadtspaziergang am Hauptbahnhof, verlassen die Arnulf-Klett-Passage zur Königstraße und halten uns gleich links. Es geht an der Touristeninformation der Stadt Stuttgart vorbei, dann biegen wir nach rechts ab. Hier sehen wir den ersten Brunnen dieser Tour.

Der **Wasserfall-Brunnen** (1) wurde 1977 anlässlich der Bundesgartenschau von Gottfried Gruner gestaltet. Hier »rutscht« über sechs Röhren Wasser in ein bachartiges Bett. Er ist einer von drei von Gottfried Gruner in Stuttgart geschaffenen Brunnen; auch an den beiden anderen kommen wir bei diesem Spaziergang vorbei.

Wir halten uns nach dem Hotel rechts. Hier finden wir weitere Wasserspiele.

Bei den **drei Schalen** (2, 3) mit den kleinen Sprudlern befindet sich in einer Schale eine Pelikanmutter mit ihrem Jungen (2). Entlang der Gebäude kommen wir zu drei flachen Schalen (3), allerdings ohne Wasser.

Danach biegen wir nach rechts ab und gehen durch die Passage zur Königstraße, wo wir uns links halten. Kurz darauf steht in der Mitte der Fußgängerzone das Aquamobil.

Das **Aquamobil** (4) wurde 1977 von Gottfried Gruner geschaffen, von dem auch der Name Aquamobil für derartige »mobile« Installationen mit Wasser stammt. Hier werden übereinander liegende Wasserradkugeln von einem herabfließenden Wasserstrahl bewegt. Unten am Rahmen plätschert aus vier Röhren Wasser in eine kleine Schale.

Etwas später stoßen wir auf den Pusteblumenbrunnen.

Der 1977 gestaltete **Pusteblumenbrunnen** (5) besteht aus 75 Röhren, die halbkugelförmig angeordnet sind und den Eindruck einer Pusteblume erwecken. Ausgehend von einer ersten Pusteblume des australischen Wasserkünstlers Bob Woodward, die 1959 in Sydney erbaut wurde, entstanden weitere Pusteblumen in verschiedenen europäischen Städten, in Amerika, bei Damaskus, in Aleppo und in Saratow an der Wolga.

Wir kommen zum Schlossplatz. Hier befinden sich links in der Parkanlage zwei von Stuttgarts prächtigsten Brunnen.

Die **Springbrunnen am Schlossplatz** (6) wurden 1861 bis 1863 von den Professoren Karl Kopp und Christian Leins gestaltet und am Geburtstag von König Wilhelm I. eingeweiht. Die in Wasseralfingen gefertigten Brunnenschalen waren so groß, dass zu ihrem Transport eines der beiden Wachhäuschen am Königstor – es stand dort, wo heute die Königstraße in die Klettpassage übergeht – abgebrochen werden musste. Anschließend hat man das Häuschen wieder aufgebaut. Außerdem mussten extra Transportwagen für die Remstalbahn konstruiert werden, denn die Brunnenschalen

Der Pusteblumenbrunnen in der belebten Königstraße ist ein beliebter Treffpunkt. Er wurde im Jahr 1977 installiert.

waren für die normalen Wagen zu schwer. Auch die Torpfeiler in Schwäbisch Gmünd mussten abgebrochen werden, weil sie zu eng standen. Dargestellt sind an den beiden Brunnen je vier Flussgenien, die württembergische Flüsse symbolisieren. Am südlichen sind es Neckar, Kocher, Fils und Enz, am nördlichen Donau, Nagold, Tauber und Jagst. Nach dem Zweiten Weltkrieg verschwanden die Figuren des nördlichen Brunnens. Sie konnten aber anhand von Fotografien von der Bildhauerin Doris Schmauder 1986 rekonstruiert werden.

Wir gehen zur Planie auf der Westseite des Schlossplatzes. Hier finden wir an dem Gebäudekomplex links an der Ecke der Alten Kanzlei gegenüber vom Alten Schloss an der Hauswand das Kosaken-Brünnele und rechts vor dem Prinzenbau den Kanzleibogen-Brunnen.

Das kleine, um 1800 errichtete **Kosaken-Brünnele** (7) besitzt eine Wassersäule im dorischen Stil. Den Namen erhielt das Brünnele nach den Kosaken, die nach dem Feldzug gegen Napoleon 1814 in Stuttgart einquartiert waren und hier ihre Pferde tränkten. Das Wasser soll heilkräftig gewesen und vom Bopser gekommen sein. Dazu erzählte Otto Borst eine seither oft wiedergegebene Geschichte: Einmal seien ein

Stadtherr und ein Bauersmann hier zusammengekommen. Der Städter netzte seine Stirne mit dem erfrischenden Heiltrunk, und der Bauer rieb damit die Augen ein. »Warum das?«, rief der Einheimische. Darauf schlagfertig der Mann vom Lande: »I denk, jeder tuet's an seim kranke Teil. Mir fehlt's an den Auge, ond Euch, Herr« – dies mit einem verschmitzten Seitenblick – »fehlt's wohl em Kopf.«

Der **Kanzleibogen-Brunnen** (8) an der Ecke Königstraße/Planie wurde 1787 nach Plänen von Hofbaumeister Major R. F. H. Fischer im Empirestil errichtet. 1910 hat man den Obelisk, 1929 die Vasen und die Stufen erneuert.

Dann gehen wir durch die Parkanlage zurück und spazieren nach rechts in den Hof des Neuen Schlosses. In seinem Innenhof steht ein moderner Brunnen.

Das **Wasserspiel beim Neuen Schloss** (9) wurde 1961 anlässlich der Bundesgartenschau errichtet.

Wir spazieren zwischen Kunstgebäude und Neuem Schloss hindurch und erblicken die Wasserspiele im Rosengarten.

Die **Wasserbassins im Rosengarten** (10) mit den einzelnen kräftigen Sprudlern im Oberen Schlossgarten wurden zur Bundesgartenschau 1961 geschaffen.

Dann gehen wir links am Eckensee vorbei.

Der **Eckensee** (11) heißt erst seit seiner Neugestaltung anlässlich der Bundesgartenschau 1961 so. In seiner Mitte steigt in regelmäßigen Abständen ein hoher Strahl empor.

Am Ende des Eckensees sehen wir vor dem Kleinen Haus des Staatstheaters Wasserbecken.

Die **Wasserbassins beim Staatstheater** (12) mit den dün-

Bassin beim Staatstheater: An Wasser haben auch die Kleinen Freude.

nen, kreisförmig angeordneten Wasserstrahlen wurden 1961 zur Bundesgartenschau gestaltet.

Rechts davon befindet sich der Schicksalsbrunnen.

Der **Schicksalsbrunnen** (13) wurde 1914 von Professor Karl Donndorf und R. W. Schönfeld im Jugendstil gestaltet und stand bis 1963 vor dem Künstlereingang der Württembergischen Staatsoper. In der Mitte sitzt die Schicksalsgöttin mit ausgebreiteten Armen. In ihren geschlossenen Händen hält sie das Schicksal der Menschen verborgen. Rechts und links stehen zwei Liebespaare, die Leid beziehungsweise Freude darstellen. Bei der Allegorie des Leids verbirgt ein verzweifelter Mann seinen Kopf im Schoß einer Frau, rechts trägt ein sitzender Mann einen Siegeskranz, hält die volle Lebensschale in der Hand, und eine Frau schaut glücklich zu ihm auf.

Wir können nun nach links gehen und die Schillerstraße auf dem Steg überqueren. Hier im Mittleren Schlossgarten zwischen dem Landespavillon und dem Carl-Zeiss-Planetarium liegen verschiedene Bassins mit Sprudlern, die 1961 zur Bundesgartenschau errichtet wurden. Man könnte auch weitergehen zum See und zum Biergarten.

Schön ist der **Quellgarten** (14) mit den verschiedenen kräftigen Fontänen. Am schönsten dürfte der **Fitz-Faller-Brunnen** sein, der 1961 von Fitz Faller erbaut wurde. Er besitzt unterschiedlich hohe Wassertische, von denen das Wasser

Der Schicksalsbrunnen von 1914 vor dem Staatstheater

in die darunter liegenden Bassins fällt. Auch am **Biergarten** gibt es niedrige Wasserbassins mit kleinen Sprudlern.

Wer möchte, geht am rechten Rand des Parks weiter, bis er zur Stadtbahnhaltestelle Neckartor verwiesen wird. Dort hat der Eigenbetrieb Stadtentwässerung Stuttgart (SES) des Tiefbauamtes im Eingangsbereich eine Dokumentation zur Stadtentwässerung eingerichtet.

Hier ist auf 16 Wandtafeln (15) alles zu den Themen **Stadtentwäs-**

serung, Stuttgarter Kanalsystem, Abwasser, Abfluss, Kanalarbeiten und Abwasserreinigung erklärt. Höhepunkt eines Besuches ist ein Abstieg zum Nesenbachkanal – endlich erfährt man einmal, wie es im Nesenbachkanal riecht!

Überhaupt der **Nesenbach**! Er ist wohl nach dem Neckar Stuttgarts bekanntestes Gewässer, obwohl ihn kaum jemand schon gesehen hat. Er war früh ein reines Nutzwasser und die älteste Mühle an ihm ist 1334 bezeugt. Ab 1490 wurde von ihm Wasser für die Stadt Stuttgart abgezweigt. Durch die Wasserentnahme zur Bewässerung der Gärten führte er zeitweise überhaupt kein Wasser mehr. Verschmutzt war er auch schon früh. Dafür und für die Gerüche waren zum Teil die am Bach ansässigen Gerber und Färber verantwortlich, ebenso die Metzger, die den Abfall ihrer direkt über dem Bach liegenden Metzig einfach hinein warfen. Schon Herzog Karl Eugen schrieb 1754, dass »man vor deßen Gestank zur Sommerszeit auch auf dem Kiesweg nicht ohne sehr große incommoditaet passiren kann«. 1802 wurde festgestellt, dass »Unlust« entstand, weil das »Wasser in Fäulniß übergeht« und dementsprechend stinke; man könne »bey einem lange ausbleibenden Regen den schlimmen Geruch des faulen Waßers kaum aushalten«. Auch der geruchsempfindliche König Friedrich I. hasste den Gestank des Nesenbachs, der an seinem Arbeitszimmer vorüberfloss. Er beklagte sich 1807 darüber und 1815 wurde der Bach als eine »Cloake« beschrieben. So wurde er ab dem 18. Jahrhundert verdolt und 1882 war er in Stuttgart nirgends mehr zu sehen. Das alles erinnert den Autor an seine Jugendzeit, als er den Bach in den Vaihinger Honigwiesen noch für eine kurze Strecke frei fließen sah – mitsamt seinem Inhalt, der aus den ungeklärten Abwässern der Patch Barracks stammte. Dadurch wurden in den Augen der Nachkriegsgeneration die bewunderten amerikanischen Besatzungsmächte auf ein menschliches Maß zurechtgestutzt, da sie eben auch aufs Klo mussten und die Abfallprodukte in einer trüben Brühe schwammen, bis sie dann im Untergrund verschwanden.

Andererseits: 1812 entrüstete man sich über die Jugend, die in einem Stausee in der Nähe der heutigen Marienkirche badete, denn es nahm »der mehrfältigen Warnung ungeachtet das Baden in dem neu angelegten Reservoir ... auf eine höchst sittenlose Weise so sehr überhand«, dass die Polizei »diesem Unfug auf alle mögliche Weise zu steuern« versuchte.

Der Nesenbach war auch immer wieder Auslöser für Hochwasser. Das früheste dokumentierte fand 1272 statt. 1508 gab es ein so schlimmes, dass die Hälfte des Hauptstätter Tores mitsamt den benachbarten Häusern weggerissen und der Marktplatz mannshoch überflutet wurde. Elf Menschen starben. Bis

Ende des 18. Jahrhunderts sind 35 Hochwasserkatastrophen dokumentiert.

Das Informationszentrum Stadtentwässerung ist jeden ersten Mittwoch im Monat von 15 bis 18 Uhr geöffnet. Telefonische Auskunft gibt es unter (07 11) 2 16-32 09 oder -25 12.

Wir gehen zurück und spazieren an der linken Seite des Eckensees entlang. Wer einen Abstecher machen will, der allerdings ein wenig Bergauf mit sich bringt, biegt am Ende des Großen Hauses nach links ab, unterquert die Konrad-Adenauer-Straße und geht erst zum Museumsplatz zwischen dem Kammertheater und dem Haus der Geschichte.

Die Umgebung von Theater und Haus der Geschichte wurde 2003 mit Grünflächen, Bäumen, Wegen, zwei Kunstwerken und zwei kaskadenartigen **Brunnen** (16) neu gestaltet. Die Pläne stammen von den Architekten Wilford und Schupp, die auch für das gesamte Gebäudeensemble verantwortlich zeichneten. Die beiden Brunnen besitzen zwei Fontänen und sollen einen historischen Bezug zum Galateabrunnen herstellen: Dort oben versickert das Wasser des Brunnens im Untergrund und mehr als hundert Meter weiter unten sprudelt es hier wieder hervor.

Dann geht man durch die Eugenstraße, danach auf typisch Stuttgarter Stäffele hinauf zum Brunnen am Eugensplatz.

Der monumentale **Galateabrunnen** (17) aus Schilfsandstein mit bronzenen Figuren wurde 1890 von Otto Rieth geschaffen und 1988 saniert. Er gehört zu den prächtigsten Brunnen in Stuttgart. Galatea ist eine Figur aus der griechischen Mythologie und war die Tochter des greisen Meergottes Nereus und seiner Meerfrau Doris. 1884 wurde vom Verein zur Förderung der Kunst eine Sammelaktion durchgeführt, da Königin Olga, die Gemahlin König Karls, einen Brunnen stiften wollte, der die Eugenstaffel krönen sollte. Den Wettbewerb gewann der Architekt und Bildhauer Otto Rieth. Beim Bau gab es Verzögerungen, so dass der Brunnen erst am 27. April 1890 feierlich eingeweiht werden konnte. Wegen der spärlichen Bekleidung der wohlgerundeten Gala-

Jugendliche Wasserspiele am Galateabrunnen beim Eugensplatz

tea, für die eine hübsche Berlinerin Modell gestanden hatte, kamen aus der Bevölkerung jedoch auch kritische Stimmen, vor allem aus pietistischen Kreisen. Auf die Entrüstung, die in Stuttgart folgte, drohte Königin Olga, sie lasse die Figur um 180 Grad drehen, so dass die Stuttgarter nur noch ihre Kehrseite zu sehen bekämen! Bis auf die beiden Sphinxe, die 1954 entfernt werden mussten, überstand der Brunnen den letzten Krieg unbeschädigt.

Danach kehrt man zurück und hält sich am Eckensee wieder links, geht zwischen dem Landtagsgebäude und dem Neuen Schloss hindurch und kommt zum südlich des Neuen Schlosses unter hohen Bäumen gelegenen Akademiebrunnen.

Der gusseiserne **Akademie- oder Löwenbrunnen** (18) wurde 1811 von Hofbaumeister Nikolaus Friedrich von Thouret im Stil des Empire gestaltet; im Hof des Ludwigsburger Schlosses steht der gleiche Brunnen. Der Brunnen befand sich früher im Innenhof der Akademie, also der Hohen Karlsschule, der Pflanzstätte der geistigen Elite im Land. Sie wurde 1944 zerstört. Man sieht auf einem runden steinernen Sockel mit vier Wasser speienden Löwen eine viereckige Säule, die von einem Adler bekrönt ist. Auf zwei gegenüberliegenden Seiten ist das württembergische Wappen angebracht, auf den beiden anderen Seiten der Namenszug von König Friedrich I. Der Säulenschaft ist mit Eichengirlanden und dem Goldenen Eichenorden verziert, darunter sieht man Delfine mit Dreizacken.

Man unterquert bald den Charlottenplatz und geht auf der rechten (westlichen) Seite der Charlottenstraße stadtauswärts, bis man nach Gebäude Nummer 4 nach rechts in die Weberstraße einbiegt. Kurz danach steht man vor dem Weberknotenbrunnen.

Auf dem bei der Altstadtsanierung im Bohnenviertel neu entstandenen Weberplatz wurde der 1988 von Georg Müller gestaltete marmorne **Weberknotenbrunnen** (19) aufgestellt. Er stellt einen mannshohen Weberknoten dar und liegt in einem Becken, das von vier Wasserspeiern gespeist wird. Er erinnert an die hier einst ansässigen Weber.

Danach geht man die Brennerstraße nach links hinauf und hält sich in der Olgastraße rechts bis zum Katharinenplatz. Gegenüber der Englischen Kirche, am Fuße der Lorenzstaffel, steht der Fischreiherbrunnen.

Der 1934 von Julius Frick geschaffene **Fischreiherbrunnen** (20) besitzt an jeder Seite des dreiseitigen hohen Brunnenstockes aus Crailsheimer Muschelkalk ein Becken. Oben befindet sich eine Gruppe Fischreiher. Über den Wasserbecken sind als Reliefs die Futtertiere der Fischreiher dargestellt, unten befinden sich Hundetränken. Der Brunnen wurde 1959 hierher versetzt und 1984 saniert.

Anschließend geht man hinter der Englischen Kirche die Pfarrstraße hinab zum Nachtwächterbrunnen.

Der Unterbau des **Nachtwächterbrunnens** (21) wurde 1900 von Professor Heinrich Halmgruber geschaffen, die Plastiken stammen von Adolf Fremd. Er besitzt zwei Brunnenschalen, darüber einen würfelartigen Sockel. Auf ihm sitzen ein Paar Nereiden als Halter des Wappens der Stadt Stuttgart. Darüber befindet sich eine gewundene Säule mit einem Kapitell mit Verzierungen durch Eulen und Fledermäusen an den Ecken. Oben steht ein Nachtwächter mit Laterne, Hellebarde, Horn und Hund. Der Brunnen hat den Fischbrunnen ersetzt, der beim Bau der Straßenbahn in der Hauptstätter Straße weichen musste. Auch er wurde später einige Male versetzt. Die Laterne des Nachtwächters war die erste öffentliche elektrische Beleuchtung in Stuttgart.

Links von der Leonhardskirche steht das Gustav-Siegle-Haus. An seiner Wand befindet sich der Brunnen Mädchen mit Taube.

Vor dem Gustav-Siegle-Haus wurde der 1954 von Dietrich Bohnet gestaltete **Brunnen Mädchen mit Taube** (22) aufgestellt. Hier sitzt in einem mit Mosaik ausgestalteten Sandsteintrog auf einem Sockel ein Mädchen, das von zwei Tauben umgeben ist.

Nun gehen wir an der Hauptstätter Straße entlang stadtauswärts bis zum Wilhelmsplatz. Hier steht der Sigmundbrunnen.

Der um 1800 erbaute **Sigmundbrunnen** (23) stammt vermutlich von Nikolaus Friedrich von Thouret. Er besteht aus einem runden, mit rautenförmig gerippten Metallplatten versehenen Trog und einer schlanken Säule aus Schilfsandstein auf einem quadratischen Sockel. Die Säule ist von einem Kapitell bekrönt. Das Wasser fließt aus vier Rohren. Der Name kommt von der Metzgerei Sigmund in der Hauptstätter Straße 29, vor der er von 1863 bis 1968 stand.

Wir überqueren die Straße nach rechts; dahinter wurde ein ehemaliger Turmrest zu einem Brunnen umgestaltet.

Inmitten der Reste eines ehemaligen Stadttores sieht man den modernen, 1989 gestalteten **Tor-**

Der Akademiebrunnen zwischen Neuem Schloss und Landtag erweckt einen vornehmen Eindruck.

turmbrunnen (24). Das Sandsteintor gehörte einst zur Stadtmauer. Der Brunnen besteht aus einer Plexiglassäule, in der das Wasser aufsteigt und in ein rundes, mit Mosaik ausgekleidetes Becken fällt. Besonders bei nächtlicher Beleuchtung entwickelt die Anlage einen ganz eigenartigen Reiz. Die Reste des Turms standen bis 1968 beim Gebäude Torstraße 7 und mussten beim Bau des U-Bahn-Tunnels versetzt werden.

Nachdem wir kurz an der rechten Seite der Torstraße entlangspaziert sind, biegen wir nach rechts in die Eberhardstraße ein. Wo links die Töpferstraße abgeht, sehen wir den Merkurbrunnen.

Der **Merkurbrunnen** (25), ein Wandbrunnen, wurde 1910 von Professor Ludwig Habich gestaltet. Auf ihm ist Merkur, der Gott der Kaufleute, dargestellt, der nach einem Bad seine Flügelschuhe wieder anzieht – eigentlich eine für diesen Gott ganz untypische, private Situation.

Wir biegen nach links ab und kommen zum Hans-im-Glück-Brunnen in der Geißstraße.

Der **Hans-im-Glück-Brunnen** (26) wurde von Professor Josef Zeitler geschaffen. Er zeigt einen Bauernburschen von den Fildern, den der Künstler im Schlachthaus gesehen hatte, auf einem goldenen Schwein. Als Wasserspeier dienen ein Schwein und sechs kleine Enten. Die Brunnenschale ist von einem schmiedeeisernen Gitter eingefasst; auf den Bronzemedaillons wird das Märchen von Hans im Glück erzählt. Gekrönt ist das Kunstwerk von einem gewölbten schmiedeeisernen Baldachin mit einem vierblättrigen Kleeblatt als Spitze. Der Brunnen wurde am 12. Mai 1909 als Abschluss der Sanierung der Altstadt eingeweiht.

Hier halten wir uns rechts, spazieren durch die Geißstraße zur Nadlerstraße, biegen nach links ab und gehen gleich darauf nach rechts in die Eichstraße und durch den Durchlass des Rathauses hindurch zum Marktplatz, wo der Marktbrunnen steht.

Der **Marktbrunnen** (27) wurde 1804 durch Hofbaumeister Nikolaus Friedrich von Thouret umgebaut. Er besteht aus einem großen Becken, das von 16 im Jahre 1714 in Königsbronn gegossenen Eisenplatten umgeben ist. Auf den Platten sieht man den Namenszug des württembergischen Herzogs Eberhard Ludwig, Kriegs- und Jagdszenen und allegorische Figuren. Der Brunnen stand zuerst im Alten Schlossgarten (heute Schillerplatz), wo er wegen der Erweiterung des Paradeplatzes weichen musste. 1761 wurde er von Herzog Karl Eugen der Stadt Stuttgart geschenkt, die einen Marktbrunnen benötigte. Da hierzu aber mehr Wasser nötig war, verbesserte Hofbaumeister von Thouret 1804 die Wasserzufuhr. Er schuf außerdem die hohe Säule. Auf ihr sieht man als Wappen eine Stute mit Fohlen und als Krönung eine Vase.

Auch die 16 Platten des Bassins sind sehenswert, zeigen sie doch Wappen, Kriegsgeräte und Jagdszenen. Als 1901 ein neues Rathaus erbaut wurde, hat man den Brunnen auf den Wilhelmsplatz ausgelagert, bei der Neugestaltung des Marktplatzes aber wieder zurückgeholt.

Wir überqueren den Marktplatz nach links, biegen nach rechts in die Kirchstraße und gleich nach links in die Stiftsstraße ein. Hier steht der Sparkassenbrunnen.

Der **Sparkassenbrunnen** (28) entstand 1919 vor dem 1912 erbauten Gebäude der damaligen Städtischen Sparkasse. Die erste Ausführung stammte von Karl Gimmi. Ursprünglich war er mit dem Stuttgarter Rössle, unter dessen Vorderhuf ein Geldstück zu sehen war, verziert. Die heutige Frauenfigur wurde nach den kriegsbedingten Zerstörungen 1955 von Alfred Lörcher in dem für diesen Künstler typischen, recht statischen Stil geschaffen. Sie kniet auf einem säulenartigen Podest mit vier Wasserspeiern. Als Symbol für Erntesegen und Erntedank hält sie zwei Trauben empor. Auf der halbkugelförmigen Muschelkalkschale steht die Inschrift »Ernte wächst nur wo gesät, drum spar eh' es zu spät«.

Links neben der Westfassade der Stiftskirche steht etwas nach hinten gerückt der Pyramidenbrunnen.

Beim **Pyramidenbrunnen** (29) sieht man kleine Wasserspeier, die über sieben rundumlaufende schmale Betonstufen fließen. Das

Hans-im-Glück-Brunnen

Wasserspiel wurde 1972 von Professor Hans Kammerlander gestaltet.

Wir gehen hoch bis zur Königstraße, wo wir uns links orientieren.

Am Ende der Königstraße kann man hinab zur Stadtbahn-Haltestelle Stuttgart-Mitte gehen. Hier sieht man ein 1981 von Gerlinde Beck gestaltetes **Wasserspiel mit orgelartigen Pfeifen** (30), die sich auf verschiedenen Ebenen befinden. Von der Ebene der Königstraße fließt das Wasser über eine Rutsche in ein mittleres und danach in das untere Becken. Die Pfeifen sind aus blankem Metall, die Rutschen sind rot lackiert und die Wand ist mit beigem Travertin verkleidet, was einen reizvollen Farbkontrast bildet.

Dann halten wir uns in der Breiten Straße links und gehen auf Stufen hinab. An der Ecke zur Hirschstraße befindet sich rechts ein Wasserspiel.

Das **Wasserspiel** (31) von 1962 besitzt einen runden Trog aus Schwarzwälder Granit und auf seinem Boden ein buntes Mosaik.

Wir steigen jetzt nach rechts die Stufen hoch zur Eberhardstraße. Nach rechts kommen wir wieder zur Königstraße, wo wir in der Unterführung noch einmal das Wasserspiel mit Pfeifen sehen.

Wir gehen geradeaus hoch bis zu der nach rechts abgehenden Calwer Straße. Hier steht der Postplatzbrunnen.

Der **Postplatzbrunnen** (32) besteht aus einem vieleckigen gusseisernen Brunnentrog und einer obeliskenartigen Granitsäule. Auf ihr befinden sich zwei Medaillons mit dem Kopf von König Wilhelm I., dem Stadtwappen und der Jahreszahl 1820. Er wurde 1820 vermutlich von Nikolaus Friedrich von Thouret gestaltet. Der Brunnenstock ist mit allegorischen Figuren verziert.

Wir biegen nach rechts in die Calwer Straße ein, halten uns in der Langen Straße rechts und in der Kronprinzstraße links. Hier befindet sich der Zuberbrunnen.

Die 1977 gegossene Brunnensäule des **Zuberbrunnens** (33) ist den Brunnen nachgestaltet, die früher die Bevölkerung mit Wasser versorgten.

Nach der querenden Gymnasiumstraße erblicken wir den Fastnachtsbrunnen.

Der 1987 von Horst Kuhnert gestaltete **Fastnachtsbrunnen** (34) steht auf einer Insel aus Basaltpflaster, ist aus Edelstahl gefertigt und stellt ein Prinzenpaar auf einem von Pferden gezogenen Möbelwagen dar. Die Räder des Wagens sind angedeutet; aus ihnen spritzen Wasserfontänen auf das Paar. Der Brunnen wurde 1987 von der Karnevalsgesellschaft Möbelwagen gestiftet.

Wir gehen nun kurz die Gymnasiumstraße nach links hoch zum Kugelbrunnen an der Kreuzung mit der Calwer Straße.

Der 1994 errichtete **Kugelbrunnen** (35) besteht aus einer glatt polierten Kugel aus Striegauer Granit, die sich auf einem Granitbasisfindling dreht. Das Ganze ist von einer Umrahmung aus Basaltstein umgeben. Er entstand anlässlich der Internationalen Gartenbauausstellung (IGA) 1993.

Zurückgekehrt zur Kronprinzstraße halten wir uns links bis zur Büchsenstraße, wo der Pflasterbrunnen steht.

Bei dem 1977 geschaffenen **Pflasterbrunnen** (36) wölbt sich aus dem Bodenbelag der Fußgängerzone ein runder Wall aus Granitkleinpflaster hoch und dient als Rand eines Wasserbeckens. Sein Durchmesser beträgt zehn Meter. In der Mitte des Beckens steigt eine Fontäne pirouettenartig auf. Sie ist von drei niedrigen Sprudlern umgeben.

Die Büchsenstraße bringt uns nach links zur Calwer Straße, wo der Victoriabrunnen steht.

Beim **Victoriabrunnen** (37) handelt es sich um eine 1994 geschaffene Nachbildung eines aus der Zeit um 1900 stammenden Brunnens. Hier kann an einer Bronzesäule mit einem Hebel Wasser gepumpt werden.

Wir unterqueren nun die Theodor-Heuss-Straße und kommen zur Hospitalkirche, vor der der Hospitalbrunnen steht.

Der einstige, im Stil der Gotik gestaltete **Hospitalbrunnen** (38) wurde 1940 ausgelagert, um ihn vor Zerstörungen im Krieg zu schützen. 1969 wurde von Irmtraud Förster jedoch ein neuer Brunnen mit drei schlanken Bronzesäulen entworfen. Das Wasser läuft über die Säulen in eine muldenartige Vertiefung des Gehwegs.

Wir biegen in der Hospitalstraße nach rechts ab, halten uns nach dem mächtigen Gebäude des Landesgewerbeamtes in der Bleicherstraße links und in der Schlossstraße rechts. Vor dem Friedrichsbau steht eine mächtige Brunnenanlage.

Der **Brunnen vor dem Friedrichsbau** (39) wurde 1993 von dem Architekten Günter Hermann entworfen. Auf der Straßenebene befindet sich eine mondförmige Schale, in der einige kleine Sprudler Wasser ausstoßen. Darüber spritzen fünf mächtige Fontänen Wasser über die gesamte Schale, aus der das Wasser kaskadenartig hinab in die Unterführung vor dem Eingang des Varietés fließt. Die Schale wird von zwei mächtigen Steinplatten überdeckt. Geht man die Stufen hinunter, so fällt neben der Treppe Wasser, das aus verschiedenen kleinen Sprudlern kommt, wie ein Wasserfall oder Gebirgsbach hinab und endet auf der anderen Seite des Varietéeingangs.

Wir unterqueren die Theodor-Heuss-Straße und spazieren dahinter in der Lautenschlagerstraße nach links. Vor dem Gebäude der ehemaligen Neckarwerke Stuttgart AG, heute EnBW AG, steht ein Wasserspiel, das Aquamobil.

Beim **Aquamobil** (40) vor der EnBW stürzt in einem Glaskasten ein Wasserfall herab und bringt verschiedene blaue Schalen zum Schwingen. Das Aquamobil wurde von Gottfried Gruner geschaffen.

Weitergehend durch die Lautenschlagerstraße kommen wir zurück zum Hauptbahnhof.

- **Länge:**

  Ohne den Mittleren Schlossgarten etwa 9 Kilometer.

- **Zeit:**

  1 ½ bis 2 Stunden.

- **Sonstiges:**

  Man sollte den Spaziergang erst ab Ende April machen, denn vorher sind noch nicht alle Brunnen in Betrieb.

Teil 2

Rund um und durch Stuttgarts Stadtteile

Der Botnanger Kuckucksweg

Im Jahr 1982 wurde von der Arbeitsgemeinschaft Kuckucksweg, der ARGE Botnang, dem Verschönerungsverein und dem Forstamt Stuttgart der Kuckucksweg angelegt, der rund um den völlig vom Wald eingeschlossenen Stadtteil Botnang führt. Man bewegt sich daher meist im Wald, teilweise entlang von plätschernden Bächen, und hat ab und zu sogar einen Ausblick. Es handelt sich um den ersten Weg, der rund um einen Stuttgarter Stadtteil führt.

Das inoffizielle Wahrzeichen **Botnangs** ist der Kuckuck – obwohl das Wappen einen Eber zeigt. Dies geht auf die Geschichte zurück, nach welcher der Herzog von Württemberg einen Kuckuck rufen hörte und den Botnangern befahl, ihm das Nest dieses Vogels zu bringen. Da aber der Kuckuck kein eigenes Nest baut, sondern im ganzen Wald daheim ist, mussten die Botnanger dem Herzog den ganzen Wald um das Dorf abtreten. Später war Botnang ein Wäsche- und Bleicherdorf für die Stuttgarter und die Ludwigsburger. Die alte Kirche des Dorfes wurde um 1450 erbaut und 1754 umgestaltet und ausgebaut. Nachdem sie im zweiten Weltkrieg zerstört wurde, hat man 1955 die moderne Auferstehungskirche errichtet.

- **Ausgangspunkt:** Stadtbahnstation Lindpaintnerstraße (Stadtbahnlinie U 4).

Wanderzeichen des Kuckucksweges: Der Name geht auf eine alte Geschichte zurück.

Wegverlauf:

Gegenüber der Stadtbahnhaltestelle führt ein Weg hinauf in den Wald; wir halten uns am Querweg links. Er führt erst gemächlich aufwärts, dann geht es eben weiter. Oberhalb der Tennisplätze quert ein Sträßchen, hier führte einst das »Pfarrwegle« nach Heslach.

Wir halten uns links, spazieren ein Stück abwärts und biegen vor der Unterführung nach rechts ab. Nun geht es kurz entlang der Straße. Wo sie nach links zieht, wandern wir geradeaus weiter in den Wald und immer oberhalb von Kleingärten nach Norden. Wir überqueren einen Bach und stoßen kurz danach

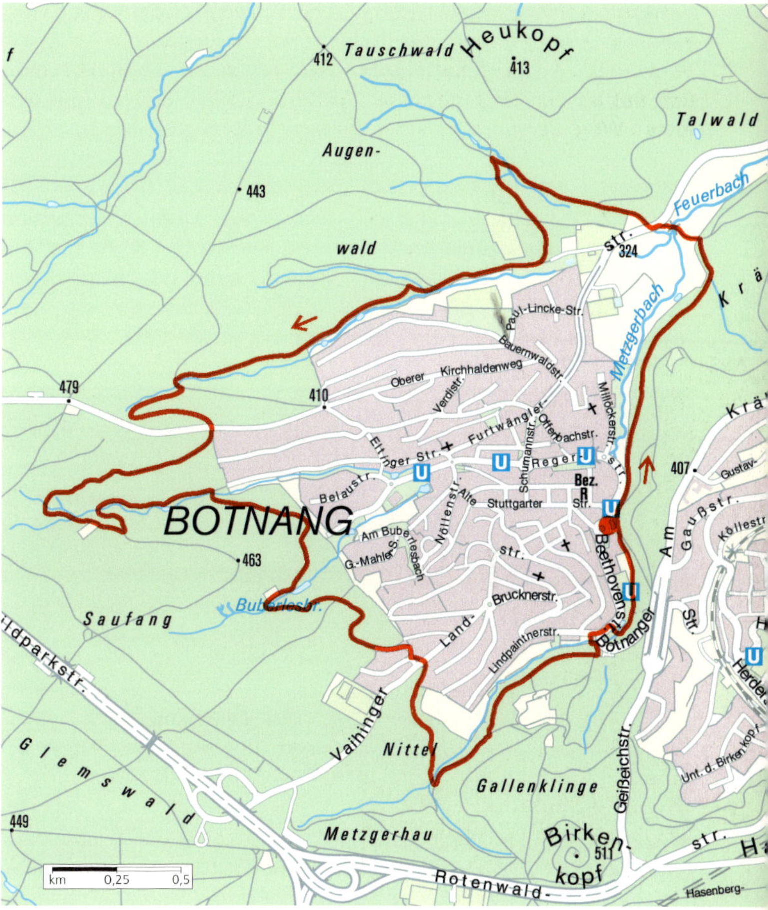

auf einen mit dem roten Kreuz markierten Weg. Hier im Wald hat man Gegenstände aus der Römerzeit gefunden.

Wir gehen nach links, passieren die Schranke, überqueren den Feuerbach und spazieren bis zu der in den gleichnamigen Stadtteil führenden Straße. Etwas nach links versetzt geht auf der anderen Straßenseite unser Weg, nun Schützenhausweg genannt, weiter. Links des Weges liegen die Gaststätte und die Schießanlagen der Neuen Schützengesellschaft Stuttgart.

Es geht etwas hinauf bis zu einer Kreuzung (Waldabteilungsschild »31/10 Sauhalde«); hier biegen wir nach links ab und marschieren etwas aufwärts bis zum querenden Tannengärtles-Sträßle, dahinter geradeaus weiter. Der Weg zieht nach rechts und bringt uns hinab ins Tal des Knaupentalbachs und zum Gerhard-Winkler-Weg. Links liegt das Freibad, wir biegen aber nach rechts ab. Bald kommen wir zur »Feuchtwiese im Knaupenbachtal«. Hier wurde in einem ehemaligen Brachgelände eine Feuchtwiese geschaffen und mit Feuchtigkeit liebenden Pflanzen wie Sumpfdotterblumen oder Schwertlilien bepflanzt.

An der Verzweigung kurz danach halten wir uns an den linken Weg und biegen gleich darauf nach kurzem Anstieg noch einmal links ab. Nun sollten wir die verschiedenen Grenzsteine betrachten, die man immer wieder am Wegrand sieht; am nächsten Schild zum Augenwald wird darauf hingewiesen. Dieses Waldstück hat die Stadt Stuttgart im Jahr 1978 vom ehema-

Einsame Bank im herbstfeuchten Botnanger Wald

ligen württembergischen Herrscherhaus gekauft.

Es geht nun weiter hinauf bis zu einem quer verlaufenden Weg. An dieser Stelle quert der »Schaftriebweg«, der vom Bergheimer Hof, dem Schafhof, nach Botnang führte. Bei dem nahegelegenen Punkt »Bei den vier Buchen« kreuzte er eine ehemalige Römerstraße. Diese etwa fünf Meter breite Straße wurde um 100 nach Christus erbaut und 1722 wieder entdeckt. Die damals wichtige Straße führte von Straßburg über Pforzheim und Leonberg bis nach Cannstatt.

Wir halten uns links, dann gleich wieder rechts und steigen links des Baches weiter auf. Bald macht der Forstweg einen scharfen Linksknick, rechts liegt das Quellgebiet des Baches. Erst leicht abwärts, dann wieder aufwärts, kommen wir zur Sommerhalde, dem mit 440 Metern höchsten Punkt des Kuckucksweges.

Der munter plätschernde Metzgerbach

Wir überqueren die Straße und orientieren uns dahinter in den Oberen Sommerhaldenweg. Er zieht nach rechts; gleich darauf an der Verzweigung biegen wir nach links ab in den Mittleren Sommerhaldenweg. Es geht nun leicht bergab.

Nach der ehemaligen »Widderstation« beschreibt der Weg einen u-förmigen Bogen nach links. Wer will, steigt auf dem mit dem roten Hufeisen markierten Weg nach rechts hinauf zum »Rastplatz Sonnenuhr«, kehrt aber wieder hierher zurück. Ansonsten folgen wir dem nach links ziehenden Weg vorbei an der rechts liegenden Waldwiese bis zu einer Schutzhütte, an der wir nach links abbiegen. Mit einem Rechtsbogen geht es wieder hinab bis kurz vor die Häuser. Hier orientieren wir uns rechts in den Buberlesweg. Wir kommen wieder dicht an den Wohnanlagen vorbei, bevor der Weg nach rechts zieht und uns vorbei an einer Schutzhütte zum Buberlesweiher bringt.

Am Weiher gehen wir noch vorbei und biegen kurz danach links ab. Etwas später überqueren wir den Himmerreichweg und erreichen mit weiteren Windungen eine Schranke; dahinter kommen wir in das Wohngebiet.

Wir folgen dem Weg bis zur querenden Durchgangsstraße, wo es etwas nach links versetzt rechts des Karl-Wacker-Heims wieder ein Stück abwärts bis zum Taleinschnitt des Metzgerbaches geht. Wir biegen nach links ab und spazieren neben einem angestauten Wasserbecken und dem Metzgerbach weiter. Den nach rechts ziehenden Abzweig zum Wasserwerk Gallenklinge ignorieren wir. Oberhalb liegt der Birkenkopf, den man von hier aus besuchen könnte.

Den **Birkenkopf** kennt man in Stuttgart vor allem unter dem Namen »Monte Scherbelino«, was auch schon einiges über ihn aussagt: »Monte« von Berg und »Scherbelino« von seinen Bestandteilen. Auf einer Gedenktafel an seinem Fuß steht alles, was man wissen muss: »Birkenkopf / Ursprünglich 471,00 m über NN / heute 511,20 m über NN / Erhöhung um 40,20 Meter 1953–1957 / durch Aufschüttung von 1,5 Millionen / Kubikmeter Trümmerschutt aus der / in 53 Luftangriffen im 2. Weltkrieg zu 45 % zerstörten Stadt Stuttgart«. Und so sieht man Trümmer, Teile von Häusern, man erkennt noch das eine oder andere Detail einer Fassade, eine Grabplatte, Reliefs, zerbrochene Säulen oder auf dem Rest eines Portals die Inschrift: »Erbaut vom Wohlthätigkeits…«. Die Aussicht allerdings ist prächtig. Man sieht nicht nur auf die zu Füßen liegende Stadt oder den nahen Fernsehturm, man sieht auch die Schwäbische Alb, den Hohenstaufen beispielsweise. Das heutige Kreuz wurde 2004 errichtet, nachdem das alte nicht mehr standfest war.

Vor dem roten Backsteinhäuschen, der Gasdruckregelanlage der NWS, biegen wir nach links ab und kommen zurück zum Ausgangspunkt.

- **Länge:**
  Etwa 10 ½ Kilometer.

- **Zeit:**
  Etwa 3 Stunden.

- **Höhenunterschied:**
  Etwa 200 Meter.

- **Sonstiges:**
  Gut zu gehende Forstwege. Badegelegenheit im Freibad.

- **Charakter:**
  Schöner Spaziergang, meist im Wald oder am Waldrand.

- **Zum Nachlesen:**
  Faltblatt Botnanger Kuckucksweg.

Rund um Riedenberg, Heumaden und Lederberg

Dieser Spaziergang führt durch Obstbaumwiesen, was im Frühjahr zur Blütezeit besonders schön ist. Außerdem berührt man den historischen Ortskern von Heumaden und kommt durch das prächtige Naturschutzgebiet Eichenhain. Der Wegverlauf ist Teil des »Rundwegs Stadtbezirk Sillenbuch«.

■ **Ausgangspunkt:**

Stadtbahnstation Heumaden (Stadtbahnlinien U 7, U 8, Buslinie 131).

■ **Wegverlauf:**

Wir verlassen die Haltestelle an der Nordseite der Station, halten uns am Radabstellplatz rechts, dann links in die Nellinger Straße, von der wir aber gleich nach rechts auf dem Feldweg weiter wandern. An der nächsten Kreuzung, wo es geradeaus nicht mehr weitergeht, biegen wir links ab zur Nellinger Straße. Hier haben wir auch einen schönen Blick auf Alt-Heumaden, ins Katzenbachtal, zur Steinklinge und auf Obertürkheim, Uhlbach und Rüdern, den Rotenberg, den Mélacturm, zur Katharinenlinde, auf den Kernen und den Schurwald.

Nun folgt man der Nellinger Straße bis zur Haltestelle »Heumaden Rose«, wo man sich links in die Mannspergerstraße hält. Am Standort der Platane befand sich früher die Heumadener Dorflinde. Wo die Mannspergerstraße kurz darauf nach links zieht, gehen wir nach rechts in den Glaunerweg, dann gleich wieder nach rechts in die Dreizlerstraße. Wir gehen nun auf das Fachwerkhaus Nummer 48 zu.

Hier sehen wir ein schönes **Ensemble Alt-Heumadens.** Früher besaß der Ort eine so bedeutende Landwirtschaft, dass schon im Mittelalter in den Nachbarorten gesagt wurde: »In Heumaden ist gut seyn, da wächst Alles.« Das **Alte Rathaus** ist ein Fachwerkbau, stammt von 1683 und dient heute als Wohnhaus. Das **»Rappsche Haus«** gegenüber wurde 1579 erbaut und ist das älteste Fachwerkhaus Heumadens. Der spätgotische Chor der **evangelischen Kirche** stammt aus der zweiten Hälfte des 15. Jahrhunderts, die Kirche wurde 1666 umgebaut und 1893 von H. Dolmetsch renoviert. Die Glocke wurde 1667 gegossen. Das barocke **Pfarrhaus** geht auf das Jahr 1772 zurück. Unterhalb der Kirche steht das ehemalige, 1800 renovierte **Backhaus** mit einem Brunnen; dort befindet sich eine Plastik von Heinz Pistol.

Wir gehen nach der Kirche links hinab. Hinter ihr steht das Backhaus. Von den drei Wegen nehmen wir den mittleren, der rechts an dem Wasserbecken vorbeiführt (Fahrverbotsschild). Am zweiten Querweg, beim Stein mit dem religiösen Spruch, biegen wir nach links ab. Kurz nach der Abzweigung befand sich früher das Salzlöchle, eine Quelle, die einst Heumaden mit Wasser versorgte.

Durch die Baumwiesen spazieren wir bis kurz vor die Mannspergerstraße und biegen nach rechts in den Kammhaldenweg ein. Etwas später nehmen wir die nach rechts abgehende Riederstraße. Kurz darauf haben wir da, wo nach rechts Stufen hinabgehen, einen schönen

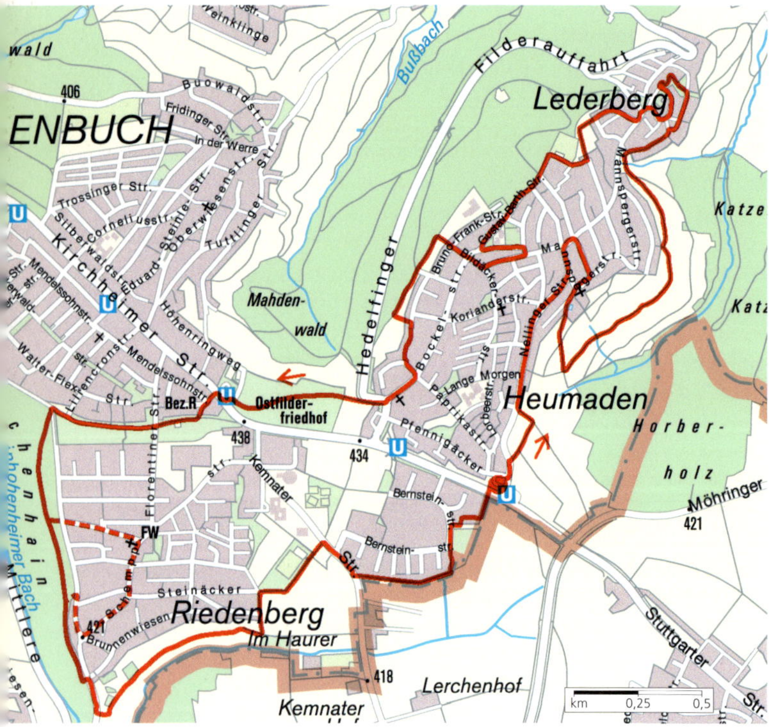

Blick auf den gegenüberliegenden Hang.

Gleich danach biegen wir nach links ab (»Zu Riederstr. 20«). Nun geht es hinauf. Nach dem Kindergarten halten wir uns rechts und kommen zum Schildfarnweg, dem wir nach links zur Mannspergerstraße folgen. Wir halten uns links, dann gleich wieder rechts in den Heckenrosenweg. Wo dieser nach links abknickt, wandern wir geradeaus steil hinauf zum Waldrand. Hier geht es links weiter, vorbei an den Tennisplätzen. Bei den Häusern biegen wir nach rechts ab (»Zu Am Sonnenweg 60–56 37–73«). Wir kommen am Vereinsheim des TSV Heumaden e. V. vorbei. Am Wald halten wir uns links und gehen eine Zeit lang in der Gustav-Barth-Straße. Kurz nachdem die Bruno-Frank-Straße nach rechts abgezweigt ist, treffen wir auf die Bockelstraße, in der wir uns links orientieren.

Die Bockelstraße zieht nach rechts. Gleich darauf, am Brunnen, biegen wir nach rechts ab in die Fenchelstraße, die uns zum modernen, 1998 angelegten Dorfplatz vor den großen Wohnblocks bringt. Hier biegen wir nach rechts ab und gehen immer geradeaus (erst Straße Bildäcker, dann Grimmbartweg) bis zum Waldrand, wo wir uns links halten. Bei den letzten Häusern spazieren wir den Fußgängerweg nach links hinauf bis zum Isegrimweg und biegen nach rechts ab (»Hochholzweg«). Kurz darauf treffen wir wieder auf die Bockelstraße.

Fachwerkhaus in Heumaden

Wir folgen der Straße nach rechts, vorbei an der 1963/64 erbauten Gnadenkirche, bis zur Hedelfinger Filderauffahrt. Auf dieser gehen wir nach rechts, zweigen aber gleich darauf an ihrer Rechtskurve links ab und spazieren durch den Ostfilderfriedhof bis zur Stadtbahnhaltestelle Schemppstraße/Ostfilderfriedhof. Wer möchte, kann den Spaziergang hier schon beenden. Es wäre aber schade darum, denn es folgen noch ein paar schöne Stücke Natur; der Weiterweg bis zum Ausgangspunkt beträgt ungefähr viereinhalb Kilometer und bringt noch etwa fünfzig Höhenmeter mit sich.

Wir überqueren die Gleise rechts der Haltestelle und gehen auf dem Fußgänger-/Radweg zum Bezirksrathaus und geradeaus weiter bis zu einem großen Feld. Hier biegen wir nach rechts in den nach der Malerin benannten Ilse-Beate-Jäkel-Weg ein. Auf ihm gehen wir, bis wir zu dem prächtigen Naturschutzgebiet Eichenhain kommen.

Im über 34 Hektar großen **Naturschutzgebiet Eichenhain** finden wir noch herrliche, bis zu 300 Jahre alte Eichen, die aus der Zeit der früheren Waldweide stammen. Ihre Eicheln dienten einst zur Schweinemast. Man findet schöne Einzelbäume, Baumgruppen, Gebüsche, eine begrenzende Hainbuchenhecke, offenen Magerrasen, Wiesenflächen und am Kleinhohenheimer Bach Ufergehölze. Der Eichenhain wurde erst 1939 für die Bevölkerung geöffnet. Vorher war er ab etwa 1770 Bestandteil des von Herzog Carl Eugen von Württemberg angelegten Hofguts Klein-Hohenheim. Das Gelände diente unter Herzog Carl Eugen zeitweise auch als Fohlenweide. König Wilhelm I. ließ den am Ostteil noch erhaltenen Graben samt Wall und Weißbuchenhecken um die Gutsfläche ziehen. Außerdem findet man hier einen der artenreichsten Biotoptypen Mitteleuropas, den Halbtrocken- sowie den Trockenrasen. Diese Vegetationsart mit ihrer reichen Flora verdankt ihre Entstehung der Schafbeweidung, denn diese Tiere sind sehr wählerisch und bevorzugen bestimmte Pflanzen. Auch heute benötigt der Rasen ständige Pflege, um seinen Charakter zu erhalten. 1958 wurde der Eichenhain unter Naturschutz gestellt. Auf dem Gelände steht ein 1955 geschaffener Gedenkstein für Elly Heuss-Knapp (1881–1952), die Frau des ersten Bundespräsidenten und Begründerin des Müttergenesungswerkes. Auf dem Denkmal ist unter anderem ihr Porträtrelief angebracht.

Bei der Heumadener Kirche

Wir können nun durch die prächtige Natur bis zur Birkacher Straße spazieren, aber auch einen Abstecher nach links nach Rieden-

Die Wanderzeichen sind nicht zu übersehen.

berg machen. Hierzu gehen wir nach einiger Zeit nach links in die Olivenstraße und spazieren bis zur evangelischen Emmauskirche von 1955, wo wir nach rechts in die Schemppstraße einbiegen. Nun kommen wir am so genannten Schloss vorbei, dessen Erdgeschoss-Außenmauern von 1617 stammen. Die Jahreszahl ist an der Nordwestecke des Gebäudes zu sehen. Danach folgt das Alte Schulhaus, in dem ab 1826 ein einklassiger Unterricht stattfand. In der Eichenparkstraße halten wir uns kurz rechts, dann können wir wieder nach links in den Eichenhain gelangen. Nun geht es nach links weiter, bis wir auf die Birkacher Straße stoßen.

Hier halten wir uns kurz rechts bis zum 1882 angelegten Alten Friedhof Riedenberg. Hinter dem Friedhof spazieren wir im Tal des Auener Bachs nach links aufwärts. Bei der Jugendfarm, vor dem Fahrverbotsschild, biegen wir nach links ab in die Melonenstraße. Wo die Straße Steinäcker nach links abgeht, halten wir uns nach rechts an dem Gehölzstreifen entlang, der das Sportgelände abschirmt, und folgen nach dem Gelände dem Weg nach links bis zur Kemnater Straße. Hier gehen wir nach rechts, vorbei an der 1871 angepflanzten Friedenslinde.

Bei den letzten Häusern biegen wir nach links ab. Nach dem Bolzplatz halten wir uns rechts (»Zu Bernsteinstr. 51 A 57 B«) und sind kurz darauf zurück am Ausgangspunkt.

- **Länge:**
  Etwa 12 ½ Kilometer.

- **Zeit:**
  Etwa 3 bis 4 Stunden.

- **Höhenunterschied:**
  Etwa 150 Meter.

- **Sonstiges:**
  Man geht ständig auf festen Wegen. Zwei Anstiege. Der Spaziergang kann etwa in der Mitte abgebrochen beziehungsweise begonnen werden (Haltestelle Schemppstraße/Ostfilderfriedhof).

- **Zum Nachlesen:**
  Faltblatt Rundweg Sillenbuch – Riedenberg – Heumaden.

Rund um Sillenbuch

Dieser Spaziergang verläuft teilweise durch Wohngebiete; am schönsten ist der alte Kern von Sillenbuch. Ein Stück kommt man durch Wald, außerdem durch Obstgärten und Kleingartenanlagen und hat ab und zu eine schöne Aussicht. Beachtenswert sind die historisch interessanten Häuser.

- **Ausgangs- und Endpunkt:**
  Stadtbahnstation Schemppstraße Ostfilderfriedhof (Stadtbahnlinien U 7, U 8, Buslinien 65 und 66).

- **Wegverlauf:**
  Wir gehen auf die Südseite der Stadtbahnhaltestelle und zum Ostfilderfriedhof, durch den wir nach rechts spazieren. Nach seinem Ende wandern wir zur Hedelfinger Filderauffahrt und halten uns links. Gleich darauf zieht der Weg in den Wald hinein bis zum querenden Ledergweg. Wir folgen dem Weg nach links zum nächsten links abgehenden Weg, der uns hoch zum Waldrand bringt. Nun spazieren wir nach rechts zu den ersten Häusern und hier erst in der Madenstraße, dann in der Tuttlinger Straße weiter.

  Jetzt sehen wir einige der interessanten Häuser des alten **Sillenbuch.** Der Ort wurde 1264 erstmals

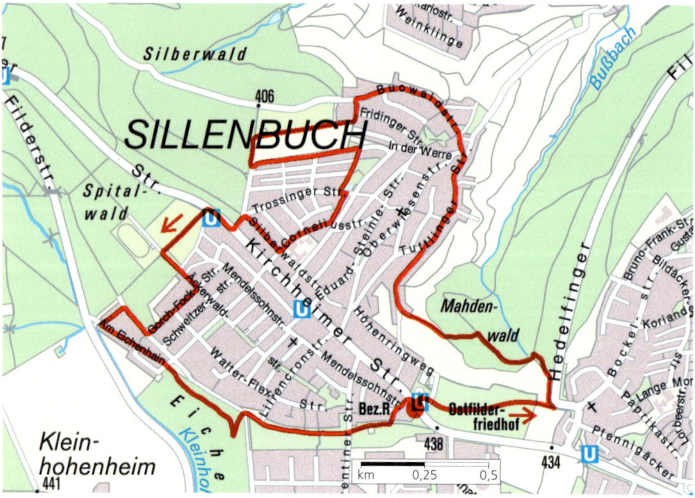

Blick vom Eichenhain in Richtung Kleinhohenheim

genannt und bereits damals war der große Buchenwald wohl so bemerkenswert, dass man sogar im Ortsnamen darauf Bezug nahm. Auch heute noch besteht die Markung fast zu einem Drittel aus Wäldern.

Weitergehend kommt rechts erst das **alte Rathaus** von 1821 (Haus Nummer 80); dahinter geht rechts die Bußbachstraße ab. Früher hieß sie Brunnengasse, weil sich an ihrem Ende der Dorfbrunnen befand. Links folgt das **neue Rathaus** (Haus 99), das 1907 in schönen Jugendstilformen am Platz der alten Kelter errichtet wurde. Etwas später sehen wir barocke Bauern- und Handwerkerhäuser. **Tuttlinger Straße 117** ist ein 1794 erbautes Küferhaus, **Nummer 96** ein Ackerbürgerhaus von 1798, **Nummer 78/78 a** wurde um 1600 für einen Wein- und Obstbauern erbaut und ist das älteste erhaltene Gehöft in Sillenbuch, **Nummer 72** gehörte einem Kleinbauern und entstand vermutlich 1729, **Nummer 68** ist das größte barocke Bauernhaus in der Umgebung; das verputzte Fachwerkhaus entstand 1796. **Nummer 59** entstand 1821 als Bauernhaus. An der Abzweigung in die Buowaldstraße steht das ehemalige **Gasthaus Waldhorn (Nummer 130),** das am Hauseingang und an der Garteneinfassung Jugendstilelemente aufweist. Haus **Buowaldstraße 25,** das etwas später folgt, ist das 1829 erbaute Schulhaus.

Wir folgen nun der Buowaldstraße und biegen später nach links in die Fridinger Straße ein. Nach kurzem Bergauf stehen wir vor einer

Lauschige Bank im Eichenhain

Treppe, wo wir uns nach rechts wenden. Wir marschieren durch die Kleingärten und mit schönem Blick auf die Waldumgebung, den Fernsehturm und den Fernmeldeturm auf dem Frauenkopf bis zum Waldrand. Hier geht es nach links hinauf. Wo wir oben wieder auf Häuser stoßen, halten wir uns links in die Kernenblickstraße, die etwas aussichtsreicher ist als der untere Weg.

Bald liegt rechts Haus Nummer 17, das 1936 vom Architekten Werner Heyl als Teil der Landhaussiedlung des Bau- und Heimstättenvereins im damals beliebten Heimatstil als Fachwerkhaus erbaut wurde. Links befindet sich eine kleine Anlage mit Bänken. Die Aussicht reicht zum Frauenkopf, zur Wangener Höhe, nach Rohracker, ins Dürrbachtal, zum Rotenberg, zum Kappelberg, zum Kernen, zur Katharinenlinde, nach Rüdern, zum Schurwald und zum Korber Kopf. Hier biegen wir in den schmalen Fußgängerweg nach rechts ein (»Wetterweg«).

Nach dem Freibad halten wir uns in der Trossinger Straße links, dann gleich wieder rechts in die Corneliusstraße, der wir an der nächsten Verzweigung nach rechts folgen. Schließlich biegen wir nach rechts in die Silberwaldstraße ein, die uns zum Waldrand bringt.

Hier gehen wir nach links zur Stadtbahnstation Silberwald. Rechts steht eine alte Ruh- oder Gruobbank (Grubbank) aus der ersten Hälfte des 19. Jahrhunderts.

Solche **Grubbänke** standen früher oft am Ende von Steigungen, um den Leuten, die ja häufig mit schweren Lasten, oft auf dem Kopf, unterwegs waren, Gelegenheit zu geben, diese abzustellen und sich auszuruhen. Sie bestanden oft aus einem niedrigeren Teil zum Sitzen und einem höheren, um die Kopflasten abzusetzen. Wichtig war auch, dass der Lastenträger die Kopf- oder Rückenlast ohne fremde Hilfe wieder aufnehmen konnte. Grubbänke findet man vor allem im Bereich des Mittleren Neckarraums.

Wir überqueren die Kirchheimer Straße. Auf der anderen Seite sehen wir mit Haus 14 das ehemalige Wohnhaus von Clara Zetkin und dem Kunstmaler G. Friedrich Zundel.

Das Haus wurde 1903 von der sozialistischen Politikerin **Clara Zetkin** und dem Kunstmaler **Friedrich Zundel** erbaut. Die in Sachsen geborene Clara Zetkin lebte ab 1891 in Stuttgart, wo sie eine sozialistische Frauenzeitschrift herausgab. Ihr Haus wurde zum Treffpunkt für Revolutionäre und sah unter anderem Lenin und Rosa Luxemburg als Gäste. 1916/17 gehörte Clara Zetkin zu den Mitbegründern des Spartakusbundes und der USPD. 1919 trat sie der KPD bei und war dann Mitglied ihrer Zentrale. 1920 bis 1933 hatte sie einen Sitz im Reichstag. Gestorben ist sie 1933 im Exil bei Moskau; sie wurde an der Kreml-Mauer beigesetzt.

Wir halten uns rechts und kommen an der Bosch-Zundel-Villa (Nummer 10) vorbei.

Dieses **Wohn- und Ateliergebäude** wurde 1929 im Stil des Neoklassizismus erbaut und 1935 erweitert. Es gehört mit dem Ateliergebäude Nummer 44 zusammen; beide sind geschmückt, unter anderem mit Figurenschmuck von Ernst Yelin.

Gleich darauf geht links der Ringelnatzweg ab. Wir nehmen aber den rechts davon durch die Kleingartenanlage führenden Weg, der uns zum Wald bringt. Hier biegen wir nach links in die Äckerwaldstraße ein. Etwas später orientieren wir uns nach rechts in die Gorch-Fock-Straße. Hier sehen wir rechts das Clara-Zetkin-Haus/Waldheim Sillenbuch. Das Waldheim wurde 1909 gegründet, 1933 enteignet und nach 1945 dem Waldheimverein wieder zurückgegeben.

Wir treffen auf den Hermann-Löns-Weg, in den wir nach rechts einbiegen. Gleich darauf nehmen wir nach links den Lerchenstieg und gehen hinab zur Straße Am Eichenhain. Hier wandern wir nach links wieder hinauf. Wo nach links die Rudolf-Brenner-Straße abgeht, behalten wir unsere Richtung bei und spazieren durch den prächtigen Eichenhain (siehe Seite 58) bis zum Denkmal für Elly Heuss-Knapp.

Gleich darauf halten wir uns links und gehen auf dem Ilse-Beate-Jäkel-Weg weiter bis zum Wasserbehälter. Nach diesem biegen wir nach links ab und kommen, vorbei am Bezirksrathaus, zurück zum Ausgangspunkt.

- **Länge:**
  Etwa 8 Kilometer.

- **Zeit:**
  Etwa 2 Stunden.

- **Höhenunterschied:**
  Etwa 100 Meter.

- **Sonstiges:**
  Man geht fast ständig auf festen Wegen. Freibad in Sillenbuch.

- **Zum Nachlesen:**
  Faltblatt Rundweg Sillenbuch – Riedenberg – Heumaden.

Feuerbacher Talkrabbenweg

Diese recht lange Wanderung bringt größere Höhenunterschiede mit sich. Sie führt durch bewohnte Gebiete, durch Kleingärten, Wald und Weinberge. Man kommt an zwei Burgruinen vorbei und hat immer wieder eine prächtige Aussicht über Feuerbach. Wer abkürzen will, findet unterwegs Möglichkeiten zur Rückfahrt.

■ **Ausgangspunkt:**

Pragsattel (Stadtbahnlinien U 13, U 6, U 5, Straßenbahnlinie 15, Buslinien 50, 57).

■ **Wegverlauf:**

Feuerbach war bereits früh besiedelt, wovon keltische Wälle zeugen. Im Wappen trägt der am 1. Mai 1933 eingemeindete Stadtteil einen Biber, was daher kommt, dass Feuerbach 1075 erstmals als »Biberbach« erwähnt wurde. Andere Quellen sprechen von einer ersten Nennung des Orts im Jahr 789. Im 13. Jahrhundert wurde er an das Kloster Bebenhausen verkauft. Der Name Feuerbach tauchte erst 1585 auf; damals gehörte der Ort zu Württemberg. Heute ist Feuerbach stark industrialisiert, wobei die erste Fabrik 1857 entstand.

Wir verlassen die Haltestelle Pragsattel auf der Ostseite, dann orientieren wir uns an der Beschilderung »Fußweg zum Robert-Bosch-Krankenhaus«. Wir überqueren die Bundesstraße in Richtung der Weinberge und gehen auf der anderen Straßenseite nach links in die Auerbachstraße, steigen aber gleich nach rechts die Stufen hinauf. Die vielen Autos täuschen nicht – der Pragsattel ist wohl die belebteste Kreuzungsanlage Stuttgarts mit mehr als 100 000 Fahrzeugen täglich.

Hier folgen wir der Beschilderung zum »Robert-Bosch-Krankenhaus«. Es geht auf Stufen, an jedem Querweg etwas nach links versetzt, hinauf bis zum letzten Querweg, wo eine Schutzhütte steht. Nun orientieren wir uns links. Hier auf der 357 Meter hoch gelegenen Prag haben wir einen herrlichen Blick auf die Umgebung.

Gleich danach sehen wir rechts eine weitere Hütte mit Bänken und Tischen. Wir spazieren nun etwas bergab. Wo es nicht mehr weitergeht, halten wir uns links und steigen auf Stufen hinab zu einem Querweg, in den wir nach rechts einbiegen.

Blick auf Feuerbach mit der evangelischen Stadtkirche Sankt Mauritius

Kurz darauf dürfen wir einen unscheinbaren Weg nicht verpassen, der nach links abgeht und zu einem weiteren Querweg führt. Wir halten uns kurz rechts bis zu einer Garage, gehen hier nach links zum nächsten Weg und auf diesem links, bis es nicht mehr weitergeht. Nun biegen wir an der Kindertagesstätte nach rechts ab und spazieren immer geradeaus hoch zur Ludwigsburger Straße. Etwas rechts davon liegt die Haltestelle Hohensteinstraße (Stadtbahnlinie U 5, Straßenbahnlinie 15, Buslinie 52).

Wir nehmen die hinter der Ludwigsburger Straße abgehende Frankenstraße, die kurz darauf die B 27 und die S-Bahn unterquert. Dahinter gehen wir in der Schwieberdinger Straße nach rechts. Sie folgt der alten Römerstraße, die von Mainz nach Bad Cannstatt führte.

In die Mitterhofer Straße biegen wir nach links ein und kommen in den Wald. An der Wegspinne gehen wir geradeaus (zweiter Weg von rechts) weiter.

Bald geht es bergab zu einem Querweg, in den wir nach links einbiegen. Wir kommen zu einer Straße, auf der wir nach rechts gehen. Wo links das Parkhaus liegt, wandern wir auf dem nach rechts abgehenden Feuerbacher Höhenweg weiter. Er führt uns zwischen Kleingärten und Wald immer leicht nach oben. Nach einiger Zeit nehmen wir den nach links ziehenden asphaltierten Weg. Nach links haben wir immer

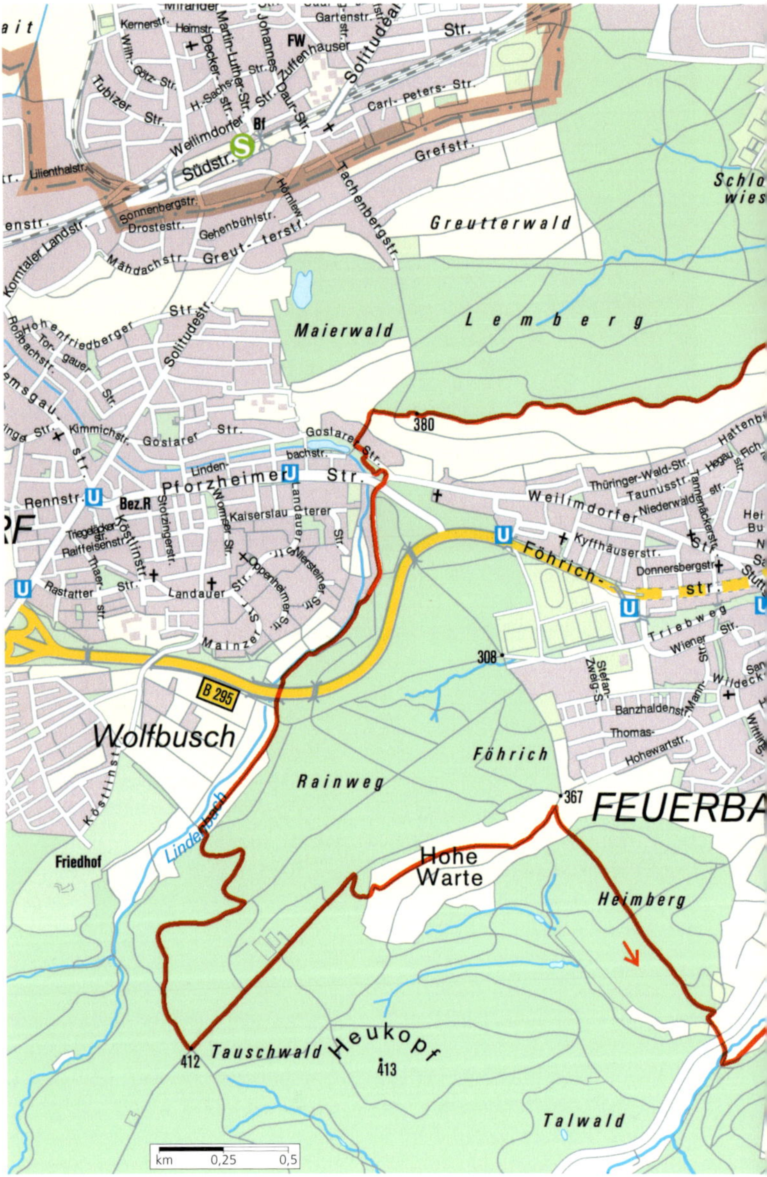
Kernerstr.
Heimstr.
Decker-str.
Martin-Luther-Str.
Johannes-Daur-Str.
FW
Zuffenhauser Str.
Gartenstr.
Solitudeallee
Wilh.-Götz-Str.
Tubizer Str.
H.-Sachs-Str.
Carl-Peters-Str.
Weilimdorfer Str.
Bf
Südstr.
Lilienthalstr.
Grefstr.
Tachenbergstr.
Hörnlew.
Sonnenbergstr.
Drostestr.
Gehenbühlstr.
Greutterstr.
Greutterwald
Korntaler Landstr.
Mähdachstr.
Maierwald
Lemberg
Hohenfriedberger Str.
Solitudestr.
Roßbachstr.
Torgauer Str.
Kimmichstr.
Goslarer Str.
Lindenbachstr.
380
Pforzheimer Str.
Rennstr.
Bez.R
Stotzingerstr.
Köstlinstr.
Wormser Str.
Kaiserslauterer Str.
Landauer Str.
Niersteiner Str.
Oppenheimer Str.
Raiffeisenstr.
Thaerstr.
Rastatter Str.
Mainzer Str.
Thüringer-Wald-Str.
Taunusstr.
Niederwaldstr.
Hegaustr.
Tannenäckerstr.
Weilimdorfer Str.
Kyffhäuserstr.
Donnersbergstr.
Föhrichstr.
Triebweg
Wiener Str.
308
Stefan-Zweig-S.
Banzhaldenstr.
Thomas-Mann-Str.
Wildeck
Hohewartstr.
B 295
Wolfbusch
Rainweg
Föhrich
367
FEUERBA
Köstlinst.
Lindenbach
Friedhof
Hohe Warte
Heimberg
412
Tauschwald
Heukopf
413
Talwald
Schlo wies
km 0,25 0,5

Burgholzhof
Stadtpark
M.-Horkheimer Anl.-
Bf
Schwieberdinger Str.
Böhringer-str.
Straßburger Str.
Friesenstr.
Langobardens.
Hohensteinstr.
Ludwigsburger Str.
Haldenrainstr.
Mönchsbergstr.
Bez.R
Zazenhausener Str.
Tapachstr.
Langenburger Str.
Heide
Roter Stich
Schlichtener Str.
Korber Str.
Heidlochstr.
Auerbachstr.
Siegelbergstr.
Theodorstr.
Wernerstr.
Heilbronner Str.
Siemensstr.
Mauserstr.
Borsigstr.
Kruppstr.
Magirusstr.
Krailenshaldenstr.
TÜV u. Kfz.-Zulassg.
Grund
Leobener Str.
B 10/27
Prag
357
Siglestr.
Leitzstr.
B 295
FW
Wiener Platz
Bregenzer Str.
Bludenzer Str.
Dornbirner Str.
Grazer Str.
Sankt-Pöltener Str.
Wilh.-Geiger-Platz
Stuttgarter Str.
Burgen-landstr.
Oswald-Hesse-Str.
Heidestr.
Alarichstr.
Maybachstr.
Hildebrandstr.
Pragstr.
274
Löwentorstr.
B 10
Lenbachstr.
Hhöhenpark
Stresemannstr.
Museum am Löwentor
Rosensteinstr.
Goppeltstr.
Steinbeisstr.
Varnbülerstr.
Mittnachtstr.
Nordbahnhofstr.
B 27
Pressel-str.
Akademie der bild. Künste
Friedrich-Ebert-Str.
Am Kochenhof
Feuerbacher Weg
380
Prag-friedhof
Krähenwald
Bismarckturm
Birkenwaldstr.
Robert-Mayer-Str.
Mönchhaldenstr.
Friedhofstr.
FH f. Bibl.
Wolframstr.
Türlenstr.
Tunzhofer Str.
Unterer

wieder eine schöne Aussicht auf Feuerbach. Schließlich kommen wir zur 1963 vom Verschönerungsverein erbauten Lemberg-Hütte.

Bei der **Lemberg-Hütte** (372 m) befand sich in vorgeschichtlichen Zeiten eine mit Wällen und Gräben gesicherte Befestigungsanlage, in der man Funde aus der Urnenfelderzeit (um 1000 vor Christus) und der La-Tène-Zeit (500 vor Christus) machte.

Danach fällt der Weg wieder etwas bis zum Kotzenloch (siehe Seite 74). Es geht auf Stufen hinab, auch unterhalb des Kotzenlochs steigen wir auf Stufen weiter abwärts bis zu einem Queršträßchen, dem wir nach links folgen. Nach dem kleinen See halten wir uns links und kommen zur Durchgangsstraße, wo auch die S-Bahn fährt. Etwas weiter rechts befindet sich eine Stadtbahnhaltestelle.

Wir nehmen die auf der anderen Seite am Waldrand verlaufende Straße Lindental. Nach den letzten Häusern wird die Straße zu einem Naturpfad, der am Lindenbach entlang weiterführt.

Der Rainweg hat seinen Namen von Rennweg – auch im Stromberggebiet gibt es solche Rennwege, frühere Fernwege. Nun geht es durch das unter Landschaftsschutz stehende Lindental, dessen Bach aus der Gegend von Schloss Solitude kommt.

Wir unterqueren die B 295 und kommen bald zu Waldheimen. Nach dem letzten geht es kurz über eine Wiese zu einem Querweg. Hier halten wir uns nach links zum Waldrand und wandern im Wald auf dem nach rechts in einer Kurve hoch führenden Weg weiter. Er bringt uns im Zickzack steil hinauf zu einem Querweg, auf dem es etwas flacher nach rechts weitergeht.

Wo der Weg eine scharfe Linkskurve beschreibt, liegen links ein Spielplatz und rechts die Ruine Dischingen.

Die **Burg Dischingen** wurde vermutlich um 1200 als Schutz des hier entlang führenden Fernhandelsweges erbaut und im Reichskrieg gegen Württemberg 1311/12 zerstört. Sie war vielleicht der Sitz des Adelsgeschlechts der auch im Glemsgau beheimateten Tischinger. Man sieht noch geringe Reste der Schildmauer und der Fundamente des Turms. Ganz in der Nähe befand sich die Vorgängeranlage, die **Alte Burg**. Diese ehemalige hölzerne Anlage mit den Maßen des Burghügels 25 mal 40 Meter wurde vielleicht um 1100 errichtet und in der zweiten Hälfte des 12. Jahrhunderts niedergebrannt.

Wenn wir dem Weg weiterfolgen, kommen wir zur Steinstraße.

Hier stand früher die **Stroheiche.** Zur Abgrenzung der Viehherden von Weilimdorf und Feuerbach wurden Strohbüschel in die Eiche gehängt. An dieser Stelle verlief einst eine Römerstraße.

Wir biegen nach links ab. Nach dem Wasserbehälter der Bodensee-Wasserversorgung steht links eine

Schutzhütte. Kurz darauf biegen wir nach rechts, dann gleich wieder nach links ab. Wir kommen aus dem Wald heraus und zum Trauf. Hier wenden wir uns nach links, es geht auf Stufen hinab und dann auf dem Weg durch die Kleingärten der aussichtsreichen Hohen Warte (425 m) weiter bis zum Brunnen bei Haus Nummer 195. Hier liegen unter der Straße Reste der römischen Straße, die von Straßburg nach Bad Cannstatt führte. Vor dem Brunnen biegen wir rechts ab.

Es geht nun über den Heimberg und bald bergab, am Schluss auf schmalem, steilem Pfad bis zu einem Querweg. Wir biegen nach rechts ab und kommen zur Straße, hinter der wir zum Feuerbach gehen und uns nach links halten.

Das Tal des bei Botnang entspringenden **Feuerbachs** steht unter Landschaftsschutz; er fließt nach einem Lauf von zwölfeinhalb Kilometern in den Neckar. 1896 entdeckte man hier die Reste eines Hauses aus der Römerzeit.

Wir wandern nun entlang des mäandernden Baches, bis wir auf die Grünewaldstraße stoßen. Wer hier die Wanderung beenden will, geht nach links zur Feuerbacher Tal-Straße. Rechts liegen hier der Friedhof und die Bushaltestelle Feuerbacher Heimberg (Linie 91). Ansonsten biegen wir in der Grünewaldstraße nach rechts ab, nehmen aber gleich darauf die nach links abzweigende Straße mit Kopfsteinpflaster (»zu Grünewaldstraße 46–60«). Es geht erst steil empor. Wir stoßen auf eine

Wer ganz genau hinschaut, erkennt den Feuerbacher Talkrabb auf dem Wanderzeichen.

andere Straße mit mehr Häusern und gehen im Prinzip immer geradeaus weiter, bis bei einer Grubbank (siehe Seite 62) der Feuerbacher Weg quert. Hier orientieren wir uns links. Kurz darauf geht nach links die Straße An der Burg ab, die uns zur Ruine Frauenberg bringt.

Von der aus der ersten Hälfte des 13. Jahrhunderts stammenden **Burg Frauenberg** sind noch wenige Reste der Fundamente des Bergfrieds erhalten.

Anschließend gehen wir zurück zum Feuerbacher Weg und hier geradeaus weiter. An der nächsten Querstraße halten wir uns links. Sie beschreibt kurz darauf einen Rechtsbogen und bringt uns zur Christophkirche. Direkt hinter der Kirche gehen wir bergab. Bald darauf kommen wir

Im Frühjahr blüht es auf den alten Weinbergmäuerchen überreich.

zu einem ziemlich zugewachsenen Aussichtspunkt, dann steigen wir auf Stufen hinab zu den nächsten Häusern. Hier orientieren wir uns rechts, der Burghaldenweg zieht gleich darauf nach links. Durch das Wohngebiet und mit schönem Blick über Feuerbach und zum Lemberg wandern wir nun weiter, immer geradeaus und vorbei am Feuerbacher und Cannstatter Killesbergzugang. Schließlich geht es bergab.

An der Rüdigerstraße biegen wir nach rechts ab. Den Parkplatz kurz danach durchqueren wir nach links und kommen zur Maybachstraße. Wir halten uns rechts bis zur Stresemannstraße. Hier gehen wir nach links zurück zum Pragsattel.

■ **Länge:**
Etwa 21 Kilometer.

■ **Zeit:**
Etwa 6 Stunden.

■ **Höhenunterschied:**
Etwa 300 Meter.

■ **Sonstiges:**
Die Wanderung verläuft zu großen Teilen in bewohntem Gebiet auf Straßen, ansonsten auf Wald- und Naturwegen. Der Weg ist mit dem Bild des »Talkrabbs« und teilweise mit dem Symbol des Stuttgarter Rundwanderwegs markiert. Wer die Strecke teilen will, geht bis Weilimdorf (Haltestelle »Landauer Straße« der U6 und U13 in der Pforzheimer Straße, Ecke Landauer Straße).

■ **Zum Nachlesen:**
Faltblatt Feuerbacher Talkrabbenweg.

Zuffenhäuser Hirt – Teil 1

Der Rundwanderweg Zuffenhäuser Hirt ist rund 24 Kilometer lang und hier in zwei Teile aufgeteilt. Er führt um den ganzen Stadtteil Zuffenhausen und berührt dabei teilweise den Feuerbacher Talkrabbenweg. Unterwegs sehen wir fast alles, was die Natur um Stuttgart zu bieten hat: Wälder, Gärten, Weinberge, Felder und Wiesen. Zudem hat man immer wieder eine weite Aussicht.

Zuffenhausen wurde um 1150 im Hirsauer Codex erstmals erwähnt, ein zweites Mal am 18. Mai 1204, als Papst Innozenz III. die Besitztümer des Klosters Bebenhausen bestätigte. Darunter befand sich auch ein Ort Offenhusen, der alte Name für Zuffenhausen. Er kommt entweder von einem Sippenchef Uffo (»zu Uffos Hausen«), vielleicht auch von der offenen Landschaftsform. Allerdings ist der Ort wesentlich älter, denn man fand Spuren – Steinwerkzeuge – ab der Altsteinzeit. Besiedelt wurde die Gegend vermutlich in der Jungsteinzeit (um 5500 vor

Streuobstwiesen sind wichtige Naturreservate.

Der Turm der Johanneskirche in Stuttgart-Zuffenhausen

Christus). Von der Eisenzeit künden Grabhügel im Stadtpark. Die Römer errichteten später verschiedene Gutshöfe, da das große Kastell in Cannstatt in der Nähe lag. Einer der Höfe befand sich auf der Fläche des heutigen Friedhofs. Zusammen mit der Grafschaft Asperg gelangte Zuffenhausen 1308 an Württemberg. Im Dreißigjährigen Krieg wurde der Ort bis auf die Grundmauern niedergebrannt und nur ein Drittel der Bevölkerung überlebte das Schlachten. 1931 wurde Zuffenhausen nach Stuttgart eingemeindet, wofür über neunzig Prozent der Bevölkerung stimmten. Heute ist es ein großer Industrievorort; erwähnt sei nur die Firma Porsche.

■ **Ausgangspunkt:**
Stadtbahnstation Zuffenhausen Kelter (Stadtbahnlinie U 5).

Wegverlauf:

Wir nehmen auf der Südseite der Stadtbahnhaltestelle die Hohenloher Straße und folgen ihr, bis nach rechts die Möckmühler Straße abgeht. Sie bringt uns bis zur Langenburger Straße, an der wir uns rechts halten. Auf ihr gehen wir immer geradeaus, bis nach den Häusern eine Garage steht. Nun orientieren wir uns rechts, am nächsten Querweg links, bis es nicht mehr weitergeht, und hier am Tagheim rechts. Wir spazieren geradeaus bis zur Ludwigsburger Straße, die wir etwas nach rechts versetzt überqueren.

Wir gehen nun in der Frankenstraße, unterqueren die B 27 und die Gleise und halten uns dahinter in der Schwieberdinger Straße rechts. Gleich darauf wandern wir nach links durch die Mitterhofer Straße zum Wald. Nach wenigen

Minuten im Wald stoßen wir auf die Siegelberger Allee. Wir halten uns rechts und kommen zu einem großen Sport- und Grillgelände, wo wir dem Fasanenweg nach links folgen. Wir kommen nach einiger Zeit an einer als Naturdenkmal geschützten mächtigen alten Eiche vorbei, etwas später liegt links ein Trimm-dich-Platz.

Hier gehen wir nach links hinauf zum nächsten Querweg und halten uns auf diesem rechts. Es geht nun eben zur Hirschsprungallee und auf dieser nach links steil hinauf. Hinter der Schranke stoßen wir auf den asphaltierten Feuerbacher Höhenweg, dem wir nach rechts folgen. Ständig leicht ansteigend und immer wieder mit schönem Blick auf Feuerbach spazieren wir entlang der Kleingärten und Weinberge auf dem Lemberg bis zur Schutzhütte.

Von hier aus hat man einen schönen Blick auf Feuerbach, Weilimdorf, den Engelbergturm, Schloss Solitude, den Birkenkopf und den Fernsehturm. Etwas später liegen links vorgeschichtliche Befestigungsanlagen aus der Zeit zwischen etwa 1000 bis 500 vor Christus (Urnenfelderzeit beziehungsweise Übergang von der Hallstatt- zur La-Tène-Zeit). Danach kommen wir zum Kotzenloch. Hier geht es auf Stufen steil hinab.

Das **Kotzenloch** ist ein Bunter-Mergel-Aufschluss im Gipskeuper, in dem früher Mergel (Leberkies) gewonnen wurde, den die Weingärtner zum Düngen beziehungsweise zur Bodenverbesserung in ihren Weinbergen ausbrachten.

Am Fuß des Kotzenlochs halten wir uns rechts, erst im Wald steil bergab, bis zur Tennisanlage. Dahinter biegen wir nach rechts ab und spazieren durch Baumwiesen bis vor den Schützenwiesenwald, wo wir uns links orientieren. Am nächsten querenden Sträßchen vor dem Wald halten wir uns kurz links, dann gleich wieder rechts. Es geht nun hinab zu den Sportplätzen und vor die Bahnlinie. Hier biegen wir nach links ab.

Am nächsten Durchlass gehen wir nach rechts unter der Bahnlinie hindurch und auf der Nordseestraße dahinter nach rechts. Etwas nach dem Ort biegen wir links ab und kommen zum Talhof, hinter dem das Denkmal für Carl Knöller steht, der hier an einem Schlaganfall verstarb. Knöller war von 1845 bis zu seinem Tod am 22. März 1853 Verwalter des Gemeindegasthauses und der Kinderheime Korntal.

Wir behalten unsere Richtung bei und gehen auf der Neuwirtshausstraße leicht ansteigend bis zu der großen Kreuzung an der B 10. Nun überqueren wir die Bundesstraße und spazieren dahinter auf dem Fußgängerweg noch etwas geradeaus weiter bis zu den ersten Häusern. Vor ihnen halten wir uns rechts und wandern zwischen den Häusern und der Bundesstraße weiter. Nach dem mit einem großen Saurier verzierten Kindergarten stoßen wir auf die Freihofstraße und

Weinberge am Lemberg zwischen Zuffenhausen und Feuerbach

folgen auf der anderen Seite der Heutingsheimer Straße. Es geht aus dem Ort hinaus und teilweise mit schönem Blick auf Zuffenhausen bis vor die Bahnlinie.

Wir biegen rechts ab, unterqueren die erste Zufahrt zur Bundesstraße und halten uns vor der zweiten nach rechts. Dann überqueren wir die Bahnlinie und die B 27 und stoßen wenig später auf die Ludwigsburger Straße. Etwas nach rechts versetzt kann man sie überqueren. Dahinter geht der Weg Zuffenhäuser Hirt eigentlich nach links weiter. Wer sich die ganze Strecke zutraut, wandert so weiter (siehe Teil 2).

Ansonsten biegen wir nach rechts ab und spazieren bis zu Zabergäustraße/Rotweg. Wir halten uns links bis zur nächsten Ampel und überqueren hier die Straße nach rechts. Durch die Marbacher Straße und uns immer geradeaus haltend kommen wir zurück zum Ausgangspunkt.

- **Länge:**
  Etwa 14 ½ Kilometer.

- **Zeit:**
  Etwa 4 Stunden.

- **Höhenunterschied:**
  Etwa 200 Meter.

- **Sonstiges:**
  Wir wandern auf Straßen und gut zu gehenden Wegen.

- **Zum Nachlesen:**
  Faltblatt Rundwanderweg Zuffenhäuser Hirt.

Zuffenhäuser Hirt – Teil 2

Wir wandern teilweise durch Weinberge, große Strecken auch durch Wiesen, Felder und Kleingärten. Ein Höhepunkt ist sicherlich die schöne Grünanlage am Schnarrenberg. Schön ist auch die Aussicht, die sich uns immer wieder bietet.

- **Ausgangspunkt:**
  Stadtbahnstation Zuffenhausen Kelter (Stadtbahnlinie U 5).

- **Wegverlauf:**
  Wir gehen an der Stadtbahnstation auf die Nordseite und hier geradeaus durch die Zehnthofstraße auf die Kirche zu. An der Zehntscheuer ist ein Stein mit der Jahreszahl 1569 eingemauert.

In der Marbacher Straße steht die 1275 erstmals genannte **evangelische Johanneskirche**, eine Chorturmkirche mit einem flach gedeckten Saal. Sie ging aus einer Hippolytuskirche hervor, die wohl vor über 1000 Jahren errichtet wurde. Die Kirche wurde 1480 und 1640 umgebaut, wobei der Chor mit seinem Kreuzrippengewölbe erhalten blieb. Sie besitzt ein spätgotisches Gemälde mit einer Kreuzigungsszene, das der Ulmer Schule um den Künstler Martin Schaffner zugerechnet wird. Wie man sagt, soll es kurz vor der Reformation aus der Stuttgarter Stiftskirche hierher gebracht worden sein.

Das Gebäude des **Dekanats** daneben stammt aus dem 17. Jahrhundert.

Etwas weiter westlich steht in der Unterländer Straße noch eine evangelische Kirche, die von Heinrich Dolmetsch 1898 im Stil der Neoromanik geplante **Paulskirche.**

Das Zeichen mit dem stilisierten Hirten führt den Wanderer.

Immer unsere nördliche Richtung beibehaltend kommen wir durch die Marbacher Straße zur querenden Straße Rotweg. Auch hinter dieser gehen wir auf der Marbacher Straße entlang des Friedhofs weiter. Die Straße zieht etwas nach links und bringt uns zur Ludwigsburger Straße. Wir spazieren auf dem Fußgängerweg nach rechts weiter.

Nach dem Friedhof geht es an der Kompostieranlage vorbei; danach biegen wir rechts ab in Richtung »Kleingartenanlage« beziehungsweise »Höhenrestaurant Hummelgraben«. Gleich darauf biegen wir

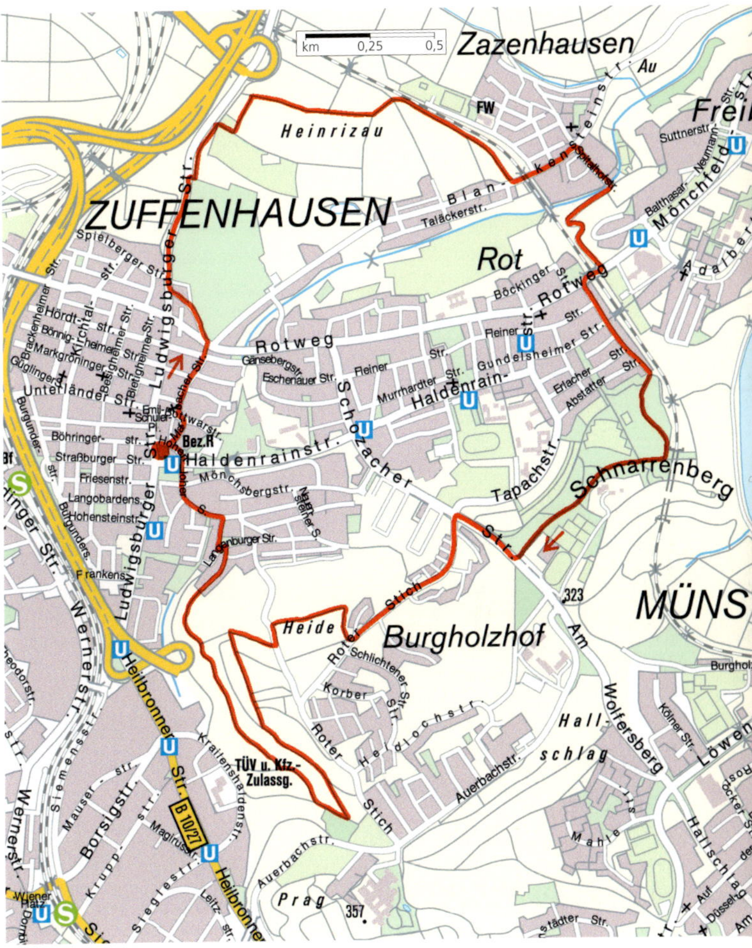

aber nach links ab und gehen hoch zu der hölzernen Scheune. Vor diesem Gebäude halten wir uns rechts und marschieren nun mit weitem Blick auf Zuffenhausen und Freiberg leicht bergab bis vor die Bahnlinie. Wir halten uns direkt vor der Bahn rechts und kommen hinab nach Zazenhausen. Durch die Blankensteinstraße gehen wir nach links bis zur Spitalhofstraße und auf dieser nach rechts hinab.

Hinter dem Bachlauf biegen wir nach rechts in die Straße Himmelsleiter ein, die uns steil hinauf bringt, am Schluss durch den Stamitzweg. An der Ampel vor den mächtigen Gebäuden der Landesversicherungsanstalt (LVA) biegen wir nach rechts ab. Nach der Überquerung der Bahnlinie halten wir uns links in die Züttlinger Straße, an deren Ende wir in die gelungene Grünanlage am Schnarrenberg gelangen.

Wir halten uns rechts, dann links, dem roten Strich des Schwäbischen Albvereins folgend. Kurz darauf kommen wir zu einem Aussichtspunkt, an dem wir auf den Neckar und die Weinberge hinab sehen. Danach zieht der Weg nach rechts.

Wir ignorieren die nach rechts abzweigenden Wege und kommen zur Sportanlage vor der Schozacher Straße, wo wir rechts zur Bushaltestelle Grenadierkaserne (Buslinie 52) gehen. Hier biegen wir nach links ab und gehen auf der Straße Roter

Die Weinberge sind durch zahlreiche Hütten aufgelockert.

Stich durch die »Robinson Barracks«, die Wohnanlage der amerikanischen Streitkräfte.

Immer ansteigend kommen wir zu dem großen Gewerbeanwesen mit der Hausnummer 188; hinter ihm geht die Schlichtener Straße ab. Wir biegen aber vor dem Gewerbeanwesen nach rechts ab. Kurz danach zieht der Weg nach links. An der nächsten Kreuzung biegen wir nach links ab, danach nehmen wir den nächsten nach rechts abgehenden Weg, anschließend den nächsten nach links abgehenden.

Wir wandern nun mit Auf, Ab, Auf und wieder Ab durch die Weinberge und mit prächtigem Blick auf Feuerbach bis zu einem querenden Weg. Auf ihm gehen wir nach rechts kurz bergab, dann nehmen wir den rechts abgehenden Weg, der mit dem roten Strich markiert ist. Vorbei an den beiden Wohnhäusern kommen wir zum Ortsanfang von Zuffenhausen.

Wir gehen durch die Öhringer Straße zur quer verlaufenden Langenburger Straße. Etwas nach links versetzt bringt uns die Möckmühlstraße zur Hohenloher Straße. Ihr folgen wir nach links zurück zum Ausgangspunkt.

- **Länge:**
  Etwa 11 Kilometer.

Steillage inmitten der Großstadt

- **Zeit:**
  Etwa 3 Stunden.

- **Höhenunterschied:**
  Etwa 150 Meter.

- **Sonstiges:**
  Die Wanderung verläuft auf Straßen und gut zu gehenden Wegen.

- **Zum Nachlesen:**
  Faltblatt Rundwanderweg Zuffenhäuser Hirt.

Untertürkheimer Rundwanderweg

Die Weinbaugebiete am Neckar zählen zu den landschaftlich schönsten Teilen der Natur um die Landeshauptstadt. Während die Weinstöcke recht lange ins Frühjahr hinein noch kahl sind und hierbei eher grafische Reize zeigen, leuchten sie vom Herbst bis fast zum Winter in herrlichen Farben. Dann ist die schönste Zeit für diesen Spaziergang, am besten an einem Tag mit klarer Sicht. Dass Stuttgart eine alte Weinbauerngemeinde ist, sieht man schon an dem Satz, der in einer alten Chronik zu lesen ist: »Wenn man in Stuttgart nicht einsammelte den Wein, so würde die Stadt in ihm ersäufet sein.«

Brunnendetail in Rotenberg

Der Name des 1200 erstmals erwähnten **Untertürkheim** geht auf eine alamannische Sippe des 4. Jahrhunderts zurück, nach deren Häuptling der Ort Duringoheim beziehungsweise Durinkheim genannt wurde. Seit dem 8. Jahrhundert gibt es hier Weinbau, außerdem lebte die Bevölkerung von der Flößerei. Im Mittelalter hatten zahlreiche Klöster hier Weingüter, und der Zwiefalter Mönch Berthold nannte die Gegend 1138 »das beste Mark des Landes«. 1903 errichtete Gottlieb Daimler nach dem Brand seiner Werkstatt in Cannstatt eine Fabrik am Untertürkheimer Neckarufer. 1905 wurde der Ort nach Stuttgart eingemeindet.

Wir wandern durch Weinberge und durch das interessante Naturschutzgebiet des Kappelbergs. Auf der Höhe hat man immer eine großartige Aussicht. Historisch inte-

König Wilhelm I. ließ an der Stelle der württembergischen Stammburg eine Grabkapelle für seine früh verstorbene Frau Katharina errichten.

ressant ist die Grabkapelle auf dem Rotenberg.

■ **Ausgangspunkt:**
Untertürkheim, S-Bahn-Station (S-Bahn S 1), Stadtbahnstation (Stadtbahnlinie U 13).

■ **Wegverlauf:**
Wir verlassen den Bahnhof Untertürkheim auf der Nordostseite und gehen von ihm weg zur nächsten Querstraße. Hier spazieren wir durch die Fußgängerzone (Widdersteinstraße), biegen aber gleich nach rechts in die Trettachstraße ein, die uns zur Kirche bringt.

Die evangelische **Pfarrkirche Sankt Germanus** ging aus einer Kapelle aus dem 11. Jahrhundert hervor, die hier in etwas erhöhter Lage über einer Töpferei aus der Römerzeit erbaut wurde. Im Untergeschoss des Turmes sind noch Reste dieser Kapelle erhalten. 1493 wurde ein Neubau errichtet. Diese Kirche wurde im Dreißigjährigen Krieg 1634 zerstört, 1654 bis 1656 aber wieder aufgebaut und 1803 erweitert. Die Fresken und das hölzerne Kruzifix stammen aus dem 17. Jahrhundert, die Wand hinter dem Altar ist mit Bildern zur Josefslegende – 36 auf Japanpapier gedruckte Linolschnitte – von HAP Grieshaber geschmückt. Die Schnitzereien am Hauptportal und das Altarkreuz stammen von Ulrich Henn (1957). Das **Pfarrhaus** neben der Kirche wurde 1520 errichtet und 1658 sowie 1898 umgebaut.

Es geht links an der Kirche vorbei und danach durch ein schönes Stück Alt-Untertürkheim bis zur querenden Großglocknerstraße, wo wir uns links halten. In dieser Straße sind noch einige alte Weingärtnerhäuser mit Fachwerk zu sehen. Sie trifft nach einiger Zeit auf die Württembergstraße, gleich darauf nehmen wir die nach rechts abzweigende Rotenberger Steige. Wie schon der Name verrät, geht es nun steil bergauf, nach den Häusern entlang von Weinbergmäuerchen, bis zur Verzweigung am Denkmal für die 1973 bis 1976 durchgeführte Rebflurbereinigung. Hier halten wir

uns rechts und gehen unterhalb der Grabkapelle bis zu einem Querweg, wo wir uns links halten.

An Stelle der **Grabkapelle auf dem Rotenberg**, dem »schwäbischen Tadsch Mahal«, stand bis 1819 die im 11. Jahrhundert von Konrad von Beutelsbach erbaute Stammburg der Württemberger. Er nannte sich dann nach diesem Berg. Ob der Name aber von »Wirt am Berg« kommt, worüber es auch eine schöne Sage gibt, wird stark bezweifelt. Die Reste der Burg wurden auf Befehl von König Wilhelm I. 1819 abgetragen.

Die Grabkapelle wurde 1820 bis 1824 von Hofbaumeister Giovanni Salucci (1769–1845) für Königin Katharina von Württemberg (1788–1819), eine Schwester Zar Alexanders I., erbaut. In Sankt Petersburg hatte sie 1816 den damaligen württembergischen Kronprinzen geheiratet und sich in der Hungersnot 1816/17 beim Volk durch ihre Wohltätigkeit sehr beliebt gemacht. Außerdem stiftete sie zahlreiche Einrichtungen: Königin-Katharina-Stift, Katharinenpflege, Katharinenhospital, Landwirtschaftliches Hauptfest und Volksfest sowie die Württembergische Landessparkasse. Sie starb mit erst 30 Jahren überraschend am 9. Januar 1819. Beim Besuch des Neujahrsgottesdienstes hatte sie sich eine schwere Erkältung zugezogen.

In der Kapelle ruhen auch ihr 1864 gestorbener Mann und die erste Tochter der beiden, die 1887 verstorbene Prinzessin Marie. Beachten sollte man, dass der König sich hier – auf seinen ausdrücklichen Wunsch hin in aller Stille, ohne zeremoniellen Prunk – bestatten ließ und nicht neben seiner zweiten Frau Pauline.

Die Grabkapelle ist vom römischen Pantheon inspiriert. In ihrem Zentralraum findet man eine kassettierte und mit Stuckrosetten geschmückte Kuppel. Innen sieht man Skulpturen von Hofbildhauer Johann

Heinrich Dannecker (1758–1841), seinem Schüler Theodor Wagner (1800–1880) und zwei Figuren, die nach Entwürfen von Bertel Thorvaldsen (1770–1848) von seinen Schülern Johann Nepomuk Zwerger und Johannes Leeb ausgeführt wurden.

Die Kapelle ist von März bis Oktober mittwochs von 10 bis 12 Uhr sowie freitags bis sonntags 10–12 und 13–17 Uhr geöffnet.

Unterhalb der Kapelle spazieren wir nach Rotenberg. Wir orientieren uns rechts, und immer auf der Stettener Straße bleibend verlassen wir den Ort in Richtung Egelseer Heide. Nach dem letzten Haus, vor dem Parkplatz, nehmen wir den nach links abzweigenden Weg, der uns durch Gärten und Weinberge zum Wald bringt. Vor der Schranke biegen wir links in den mit einem Fahrverbotsschild markierten Weg ein. Gleich darauf nehmen wir den nach rechts abzweigenden Weg, der uns durch das Naturschutzgebiet auf der Südwestseite des Kappelbergs führt. Hier wächst eine schöne Steppenheideflora mit seltenen Pflanzen und Tieren.

Der **Kappelberg** (469 m), ein sich rund 150 Meter über dem Tal erhebender Höhenrücken, liegt in einem Landschaftsschutzgebiet und ist der äußerste nordwestliche Vorposten des Schurwaldes und der »Hausberg« Fellbachs. Am Grill- und Spielplatz, besser jedoch etwas später, wenn man dem schmalen Pfad folgt, hat man eine wunderbare Sicht auf den Rotenberg mit seiner Grabkapelle. Auf dem Weiterweg, bei dem Gedenkstein zur ehemaligen Kapelle, sieht man hinab nach Fellbach, zur Buocher Höhe und ins Unterland.

Der Kappelberg ist ein altes Siedlungsgebiet. Hier ließen sich in der Mittleren Steinzeit vor rund 10 000 bis 5500 Jahren vielleicht Jäger nieder und hier befand sich auch eine Fliehburg, die mit einer in der Nähe gelegenen Höhensiedlung aus der Bronzezeit verbunden war. Sie war durch Wälle, Gräben und Palisadenzäune gesichert. Jedenfalls lassen die Funde und Erdwälle aus der Mittleren Stein-, der Bronze- und der Urnenfelderzeit auf ein reiches vorgeschichtliches Leben schließen. Auch ein Bild des Gottes Mithras und Scherbenreste wurden in den Weinbergen der Umgebung gefunden, das heißt, auch die Römer waren hier. Man nimmt an, dass hier wohl ein römischer Wachposten saß. Den Namen hat der Berg von einer kleinen Kapelle, deren Ursprünge rund 2000 Jahre zurückreichen, also in die Römerzeit. Sie befand sich aber nicht am Gipfel, sondern etwas unterhalb beim Gasthof Waldschlössle. An sie erinnern auf einem Gedenkstein die Worte: »Hier stand eine Wallfahrtskapelle, die dem Berg seinen Namen gab. Nach der Reformation verlor sie ihre religiöse Funktion und wurde bis zu ihrem Abriss 1826 von Waldschützen bewohnt.« Die römische Kapelle wurde bereits zerstört, als die Alamannen 260 den

Blick vom Württemberg auf den Stadtteil Rotenberg

Limes überrannten. 1968 hat man hier die Grundmauern und Ruinen einer einstigen Burg der Grafen von Württemberg freigelegt.

Botanisch interessant ist die als »Steppenheide« bezeichnete Trockenheit liebende Flora auf dem Berg. Zwei Hektar stehen unter Naturschutz und mitsamt der Umgebung sind 2072 Hektar als Landschaftsschutzgebiet ausgewiesen. Der heute von Weinreben und Wald bewachsene Berg war früher kahl und es gab nur heideartige Vegetation, so dass in der Mitte des 19. Jahrhunderts geschrieben wurde: »… es nehme sich unwirtschaftlich aus, wenn ein … fernhin sichtbarer, kahler, schroffer Bergvorsprung unbestockt bleibe«. Auf dem Berg gibt es einen Lehrpfad mit zehn interessanten Tafeln.

Am Ende stoßen wir vor der Bergnase mit den Bänken auf einen Querweg. Nun sollten wir gut auf die Markierungen des Untertürkheimer Rundwanderwegs aufpassen, der Wegverlauf wird etwas komplizierter. Wir gehen nach links hinunter, dann halten wir uns rechts. Nach einer scharfen Linkskurve biegen wir nach rechts ab, dann gleich wieder links. Wir behalten bei einem Querweg unsere Richtung bei, danach biegen wir nach rechts ab, dann zweimal links. Am nächsten Weg halten wir uns rechts, bis es nicht mehr weitergeht, dann links und am Querweg rechts. Wenn wir alles richtig gemacht haben und immer diesem Sträßchen geradeaus folgen, stoßen wir bald auf die Untertürkheimer Straße.

Kurz vor dieser biegen wir nach links ab und erreichen bald die Straße. Etwas nach links versetzt nehmen wir auf der anderen Seite die Steigstraße, die uns bis vor die B 14 bringt. Hier wandern wir nach links weiter.

Nach den Tennisplätzen und der Gärtnerei gehen wir rechts hoch und spazieren kurz an der Bundesstraße entlang, bis wir sie auf der nächsten Brücke überqueren. Danach halten wir uns links. Es geht bergab, bis wir die Bundesstraße nach links unterqueren können. Wir kommen nun in die Wallmersiedlung, wo wir unsere Richtung beibehalten und durch die Sattelstraße gehen. Nach einiger Zeit biegen wir nach rechts ab in die Schlotterbeckstraße. Sie bringt uns zur Augsburger Straße, die direkt vor den Bahngleisen verläuft.

Wir gehen durch die nach links abzweigende Silvrettastraße, biegen nach rechts in die Oberstdorfer Straße ab, halten uns dann kurz links und wieder rechts. Nun sind wir in der Arlbergstraße, wo sich links der Bahnhof befindet. Wer möchte, kann die Tour jetzt schon beenden. Ansonsten gehen wir geradeaus weiter, unter den Gleisen hindurch, über die große Kreuzung und dahinter, unsere Richtung beibehaltend, an Hallenbad und Freibad vorbei bis zur Untertürkheimer Brücke, von der wir einen Blick auf den Neckar werfen können.

Vor der Brücke orientieren wir uns links und gehen kurz am Neckar entlang. Dann biegen wir nach links in die Lindenschulstraße ein. Sie bringt uns zum Bruckwiesenweg. Wir gehen nach links und nehmen kurz darauf den Wilhelm-Wunder-Steg, der uns zurück zum Bahnhof bringt.

- **Länge:**
  Etwa 13 Kilometer.

- **Zeit:**
  Etwa 4 Stunden.

- **Höhenunterschied:**
  Etwa 250 Meter.

- **Sonstiges:**
  Die Tour verläuft vorwiegend auf befestigten Wegen. Der Wegverlauf ist, vor allem in den verwirrenden Wegen durch die Weinberge, mit einem orangefarbenen Kleber mit der stilisierten Grabkapelle auf dem Rotenberg markiert. In Untertürkheim gibt es vor der Neckarbrücke ein Hallenbad und ein Freibad.

- **Zum Nachlesen:**
  Faltblatt Untertürkheimer Rundwanderweg.

Der kleine Möhringer Hexenweg

Dieser Stadtrandspaziergang führt uns an zwei idyllischen Seen vorbei. Außerdem bringt er uns durch Obstbaumwiesen und Kleingärten, aber auch durch das historische Zentrum Möhringens.

Der Stadtteil **Möhringen** wurde zwischen 1100 und 1300 als Moringen genannt. Eigentümer waren die Grafen von Calw, die Pfalzgrafen von Tübingen, ab 1295 das Esslinger Katharinenspital und später Württemberg. Nun gehörte das Dorf erst zum Oberamt Esslingen, dann zum Oberamt Stuttgart und vor dem Zweiten Weltkrieg sogar kurz zum Kreis Böblingen. Aus den Esslinger Zeiten ist noch der 1589 erbaute Spitalhof enthalten. Nach Stuttgart wurde Möhringen am 1. April 1942 eingemeindet.

■ **Ausgangspunkt:**
Stadtbahnstation Riedsee (Stadtbahnlinien U 5, U 6, U 8, U 18).

■ **Wegverlauf:**
Wir gehen bei der Stadtbahnstation auf die westliche Seite, wo auch die Kirche steht, und spazieren auf der Probststraße aus dem Ort hinaus. Links sehen wir die prächtige »Eiche im Ried«. Am ersten asphaltierten Weg biegen wir nach links ab und gehen solange geradeaus, bis wir nicht mehr weiterkommen. Wir spazieren nach links bis vor die Häuser und nach rechts den Onstmettinger Weg entlang bis zum letzten Haus, dem 1978 eingeweihten Pflegezentrum Bethanien. Hier biegen wir nach links ab und kommen durch den Ebinger Weg zum Probstsee.

Der Name **Probstsee** leitet sich von der Ziegelei Probst ab, die bis

Der Probstsee bei Möhringen ist ein urwüchsiges Stück Natur.

Malerische Ecke mit Schilf und Bäumen am Probstsee.

1934 bestand. Der See entstand aus ihrer ehemaligen Lehmgrube. Hier machen viele Zugvögel Rast auf ihrem Weg nach Süden. Wir sollten auch die Skulpturen am Ufer beachten.

Wir halten uns links und gehen am Seeufer entlang. An der ersten »Ecke« folgen wir dem Ostufer nach rechts. Nun marschieren wir immer nach Süden, überqueren die Vaihinger Straße und gehen auf dem Kausler Weg bis zu den letzten Häusern, danach durch die Obstbaumwiesen. Wir überqueren den Sindelbach und halten uns dann links. An der neuapostolischen Kirche biegen wir nach links ab und gehen durch das Wohngebiet, bis die Oberdorfstraße nach rechts abgeht und uns zur Kirche bringt.

Hier sehen wir ein schönes Ensemble »Alt-Möhringens«. Die auch »Filderdom« genannte **evangelische Martinskirche** wurde 1853 bis 1855 von Christian Friedrich Leins aus einer Vorgängerkirche aus der Romanik/Gotik (1464–1466, 1595) im Stil der Neugotik in eine dreischiffige Basilika umgewandelt. Der Chor und der 63 Meter hohe Turm blieben erhalten. Von der alten Inneneinrichtung sind noch der Taufstein von 1595 und die Kanzelbrüstung erhalten. Nach einem Fliegerangriff 1944 brannte die Kirche aus, wurde aber bereits 1948/49 in abgewandelter Form wieder aufgebaut. Das klassizistische **Bezirksrathaus** nördlich der Kirche ging aus einem Bauernhaus aus dem 15. Jahrhundert hervor, das spätestens ab Mitte des 18. Jahrhunderts als Rathaus diente. Das heutige Gebäude wurde 1836/37 erbaut und in der Oberamtsbeschreibung von

1851 als »… gut eingerichtet und das schönste im Oberamtsbezirk« beschrieben. Am Haus **Oberdorfplatz 8** sieht man eine figürliche Sandsteinkonsole, Haus **Nummer 9** stammt aus dem 16./17. Jahrhundert, **Nummer 10** war einst die Schmiede und stammt im Kern aus dem Jahr 1703. Das Haus **Oberdorfplatz 15** ist der ehemalige Farrenstall (1805), das klassizistische Gebäude **Nummer 16** die 1848 erbaute Schule. Das barocke Pfarrhaus, **Nummer 12,** wurde 1806 errichtet, ist im Kern aber älter. Südlich der Kirche sieht man an der Mauer des Bürgertreffs das **»Steinmännle«,** das aus der Liebfrauenkapelle stammt, die sich an Stelle des heutigen Freibads befand.

Bei der Kirche biegen wir nach rechts ab, gehen hinab zur Pezoldstraße und halten uns dort links. Wir überqueren die Hechinger Straße und wandern nun immer geradeaus durch die Dinghofstraße, dann durch die Straße Im Schießgärtle, immer hoch über dem Körschtal.

Der **Dinghof** in Möhringen muss in früheren Zeiten eine wichtige Funktion erfüllt haben, denn er wurde immer wieder in alten Lagerbüchern erwähnt. Der Name kommt von Thing, dem Platz also, an dem Gericht gehalten wurde. Die Straße **Schießgärtle** hat ihren Namen von einem Schießplatz, der sich hier an einem See befand.

Schließlich sehen wir kurz vor der B 27 links einen großen, über-

Verträumte Landschaft am Ortsrand von Möhringen

dachten Mülleimerplatz aus Beton. Hier orientieren wir uns links und spazieren immer geradeaus auf das SI-Erlebnis-Centrum mit Musical Hall, Spielbank, Multiplexkino, Hotel und den »Schwaben Quellen« zu. Hier befindet sich auch die Stadtbahnhaltestelle Salzäcker (U 3).

Wir gehen auf die andere Seite der Gleise und spazieren nach links um die große Anlage herum. Die heutigen Gebäude mit dem einzigartigen Erlebniszentrum gingen aus dem 1968/69 erbauten Hotel SI hervor.

Dahinter überqueren wir die Plieninger Straße und behalten unsere Richtung bei, bis der Weg nach links in das Wohngebiet führt. Hier spazieren wir kurz auf der Pilsener Straße, nehmen aber bald die nach rechts abgehende Prager Straße, die uns zur 1957 erbauten Christuskirche in der Märzenbaumstraße bringt.

Danach geht es etwas nach links versetzt durch die Meßstettener Straße weiter. Wir überqueren die Trochtelfinger Straße und wandern durch den kurzen Haigerlocher Weg zur Sigmaringer Straße. Hier geht es leicht nach links versetzt auf der anderen Straßenseite weiter. Hinter dem Gewerbegebiet kommen wir wieder zu Wohnhäusern. An der Querstraße halten wir uns rechts und erreichen den Riedsee.

Der **Riedsee** wurde Ende des 19. Jahrhunderts von der Brauerei Widmeier angelegt, um im Winter Eis zur Bierkühlung zu gewinnen.

Nach dem See, an dessen Südseite wir entlangwandern, stoßen wir auf die Rembrandtstraße und gehen nach links zurück zum Ausgangspunkt.

- **Länge:**
  Etwa 8 Kilometer.

- **Zeit:**
  Etwa 2 Stunden.

- **Höhenunterschied:**
  Unwesentlich.

- **Sonstiges:**
  Man geht auf festen Wegen. Der Weg ist mit Klebern mit dem Hexensymbol markiert.

- **Zum Nachlesen:**
  Faltblatt Möhringer Hexenweg.

Der lange Möhringer Hexenweg – Teil 1

Man spaziert durch Wohngebiete, Felder, Wiesen und Kleingärten, außerdem durch ein schönes Stück Wald mit zwei interessanten Klingen, die Teil des Geographischen Lehrpfades Schwälblesklinge sind. Außerdem hat man eine prächtige Aussicht.

- **Ausgangspunkt:**
  Stadtbahnstation Riedsee (Stadtbahnlinien U 5, U 6, U 8, U 18).

- **Endpunkt:**
  Stadtbahnstation SSB Zentrum (Stadtbahnlinien U 3, U 6, U 8, U 18).

- **Wegverlauf:**
  Wir verlassen die Stadtbahnstation auf der Ostseite und gehen auf der Rembrandtstraße kurz nach Norden, biegen aber gleich nach rechts zum Riedsee (siehe Seite 90) ab.

Nach dem Restaurant halten wir uns gleich links. An der Nordseite des Sees orientieren wir uns rechts, ebenso auf dem Feldweg. An der nächsten asphaltierten Straße biegen wir nach links ab und wandern, am Schluss durch die großen Gärtnereien, bis es nicht mehr weitergeht.

Blick vom Wanderweg über Kaltental Richtung Birkenkopf.

Nun spazieren wir durch den Korinnaweg nach links und biegen rechts in den Lohbauerweg ein. Er bringt uns zur Degerlocher Straße mit der Stadtbahnhaltestelle; links befindet sich das Sonnenberger Hallenbad.

Wir halten uns nach der Stadtbahnlinie gleich rechts und marschieren an den Schienen entlang. Gleich darauf biegen wir nach links in die Anna-Peters-Straße ein. Hier steht die Sonnenbergkirche.

Die von der Baukunst Le Corbusiers inspirierte und 1965/66 eingeweihte **Sonnenbergkirche** wurde von dem Architekten Ernst Gisel aus Zürich entworfen und ist ein Musterbeispiel des Sakralbaus der sechziger Jahre. Der Turm der Kirche steht frei. Damals legte man keinen Wert mehr auf ein dominierendes Kirchenschiff, sondern wollte integrative Gemeindezentren schaffen. Der Bau erhielt den Paul-Bonatz-Preis zugesprochen.

Links von Kirche und Gemeindezentrum gehen wir durch die Orplidstraße weiter und biegen bald nach links in die Grundlerstraße ein. Nach der querenden Laustraße gehen wir durch die Straße Im Betzengaiern

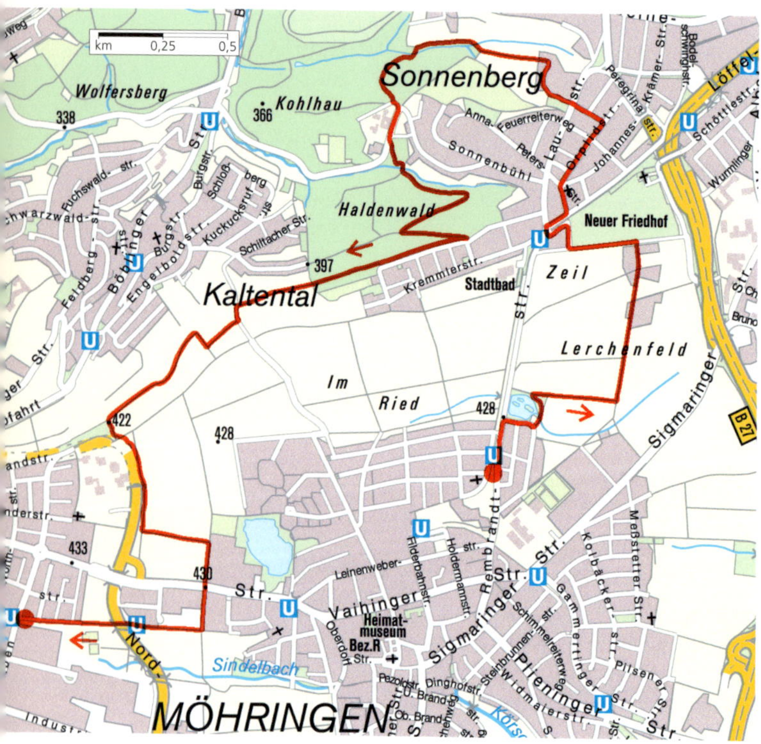

steil bergab. Sie knickt nach links ab und bringt uns zum Waldrand.

Hier stoßen wir auf den Geographischen Lehrpfad Schwälblesklinge. Wir gehen durch die Schwälblesklinge im Wald weiter bergab bis zu einer Brücke, halten uns links, überqueren den Bachlauf und steigen wieder hoch bis zu den Häusern. Jetzt biegen wir nach links in die Christian-Belser-Straße ein. Nach dem Krankenhaus nehmen wir den nach rechts in den Wald hineinziehenden Weg. Er überquert gleich darauf mit einer Brücke einen Bachlauf, dann steigen wir entlang der Klinge den Hundsklingenweg weiter hinauf. Er macht bald einen scharfen Rechtsknick und bringt uns zu einer Lehrtafel des Geographischen Lehrweges sowie zu einem Amphibienbiotop. Wir biegen nach links ab und steigen weiter hinauf zum nächsten Lehrpfadschild. Kurze Zeit später orientieren wir uns vor den Häusern nach rechts.

Es geht ein Stück auf dem Waldweg. Nachdem wir den Wald verlassen haben, bietet sich uns ein paar Mal ein schöner Blick auf Kaltental und die dahinter liegenden Höhen mit dem Birkenkopf (siehe Seite 54).

An der Querstraße, wo es nicht mehr weitergeht, halten wir uns links, an der Jugendfarm rechts, dann noch einmal rechts. Der Weg knickt gleich darauf nach links ab. Nach einiger Zeit geht er nur noch schmäler weiter. Davor biegen wir links ab und gehen hinauf zu dem Pavillon, nach dem wir dann sehen, wie die Umgehungsstraße aus dem Tunnel kommt. Wir spazieren links der Straße kurz weiter, bis uns das Radschild nach »Möhringen« kurz vor der Vaihinger Straße nach links verweist. Vor dem großen Gebäude der Firma Neoplan halten wir uns rechts.

Wir überqueren die Vaihinger Straße und spazieren durch die Lautlinger Straße bis vor die Schienen. Wer weitergeht, behält seine Richtung bei; wer die Wanderung hier beenden will, wendet sich rechts zur Haltestelle SSB Zentrum.

- **Länge:**
  Etwa 8 Kilometer.

- **Zeit:**
  Etwa 2 bis 3 Stunden.

- **Höhenunterschied:**
  Etwa 100 Meter.

- **Sonstiges:**
  Man geht auf festen Wegen, aber auch auf Waldwegen. Wer möchte, kann die Tour zusammen mit Teil 2 auf einmal unternehmen. Dann ist allerdings zu überlegen, ob sie angesichts der Länge nicht besser mit dem Fahrrad unternommen werden sollte. Eine Bademöglichkeit gibt es unterwegs im Sonnenberger Hallenbad. Die Strecke ist mit Klebern mit dem Hexensymbol markiert.

- **Zum Nachlesen:**
  Faltblatt Möhringer Hexenweg.

Der lange Möhringer Hexenweg – Teil 2

Bei diesem Ausflug spazieren wir durch einen interessanten Mix von Feldern und Wohngebieten sowie ein Stück durch den Wald.

- **Ausgangspunkt:**
  Stadtbahnstation SSB Zentrum (U 3, U 6, U 8, U 18).

- **Endpunkt:**
  Stadtbahnstation Riedsee (U 5, U 6, U 8, U 18).

- **Wegverlauf:**
  Wir gehen von der Haltestelle aus kurz nach Osten und biegen an der nächsten Straße nach rechts ab. Wir behalten unsere Richtung bei, bis wir kurz vor der Nord-Süd-Straße sind. Hier nehmen wir vor der höl-

Alte Architektur zwischen den modernen Gebäuden des Fasanenhofs

zernen Scheune den nach rechts am Drahtzaun entlangführenden Weg, der parallel zur Straße verläuft. An der nächsten Ampel biegen wir nach links ab, überqueren die Nord-Süd-Straße und behalten nach ihr, etwas nach rechts versetzt, unsere Richtung bei. An der Handwerkstraße biegen wir nach links ab und wandern nun immer geradeaus weiter. Nach dem Industriegebiet geht es durch die Felder, bis wir kurz vor der Autobahn A 8 nach links verwiesen werden.

Wir unterqueren die Nord-Süd-Straße und biegen danach links ab. Hier steht ein Gedenkstein, der an »Gottl. Ruckaberle / Fuhrmann aus Dettenhausen« erinnert. Ruckaberle verunglückte im Februar 1922 hier tödlich.

Danach überqueren wir nach rechts die Gleise, halten uns kurz rechts, dann links. Wo der befestigte Weg kurz darauf aufhört, gehen wir nach rechts zu der Brücke und zu den dahinter liegenden Häusern des Stadtteils Fasanenhof. Hier biegen wir nach links ab.

Vor Garagen werden wir nach rechts verwiesen. Nach der Kurt-Schumacher-Straße behalten wir im Giescheweg unsere Richtung bis zum Ehrlichweg bei, danach gehen wir in derselben Richtung links des Sportplatzes weiter. Der Weg knickt gleich darauf nach links ab.

Wir spazieren auf dem Janusz-Korczak-Weg, unterqueren die Fasanenhofstraße und sehen links die 1965 bis 1967 erbaute Bonhoeffer-

Ländliche Idylle im Körschtal

kirche, die mit dem Paul-Bonatz-Preis ausgezeichnet wurde. Kurze Zeit danach sind wir an der Kirche Sankt Ulrich.

Auf dem Platz vor der Kirche sehen wir auch ein Wasserbecken und einige **Kunstwerke**. Links stehen ein Wasser speiender Triton, die erste Auftragsarbeit des berühmten Remstäler Bildhauers Karl-Ulrich Nuss, und zwei Kapitelle, rechts ein großes Relief mit Pegasus, Orpheus, Herakles und einer Sphinx. Es wurde um 1880 von Adolf von Donndorf (1835–1916) für die 1943 zerstörte Landesbibliothek geschaffen. Seinen Platz hier hat es dem Verschönerungsverein Stuttgart zu verdanken.

Weiter geradeaus gehend kommen wir wieder zur Fasanenhofstraße, der wir kurz nach links folgen. Dann biegen wir rechts in die Heigelinstraße ein. An der nächsten Straße orientieren wir uns links; es geht etwas bergab, dann halten wir uns rechts. Dort liegt rechts das Behindertenzentrum.

Wo der Weg im Wald nach rechts zieht, wandern wir geradeaus auf dem Arbeitsdienstweg weiter, bald sehen wir links das Körschtal. Am Waldabteilungsschild »22/1 Körschwald« gehen wir nach links hinab zum unteren, parallel verlaufenden Weg und danach auf dem unbefestigten Weg über die Körsch. Nach der Talaue nehmen wir den links ziehenden Dachsbauweg.

Hier befinden wir uns in dem mit 226 Hektar Fläche größten Naturschutzgebiet der Fildern, dem seit 1990 geschützten **Weidach- und Zettachwald** und dem **Körschtal**. Hier im Wald wurden schon über hundert verschiedene Vogelarten gezählt, darunter der Wendehals, der Gartenrotschwanz, die Schafstelze, das Rebhuhn, der Mäusebussard, Wespenbussard, Sperber, Habicht, Waldkauz, die Waldohreule und verschiedene Spechtarten. Im Gebiet brüten über siebzig Arten. Auch im Körschtal findet man eine interessante Flora und Fauna, unter anderem die Schwarze Teufelskralle, den Großen Wiesenkopf, den Teufelsabbiss oder an feuchten Stellen die Sumpfdotterblume. Man findet Graureiher, Gebirgsstelze, Wasseramsel und sogar den Eisvogel, insgesamt wie im oben erwähnten Wald über hundert Arten! Und in der mäandern-

den Körsch kommt die Bachforelle vor. Eine Besonderheit der Flora ist der seltene Blaustern (Scilla bifolia) und im Frühjahr riecht der Wald würzig nach Bärlauch.

Bei zwei Bänken biegen wir nach rechts ab und steigen, teils auf Stufen, hoch bis zu den Stadtbahngleisen. Dahinter behalten wir auf dem Filderbahnweg unsere Richtung bei bis zur Plieninger Straße. Etwas nach links versetzt gehen wir in derselben Richtung weiter, entlang des großen Komplexes der Firma DaimlerChrysler. Hinter den Gebäuden biegen wir links ab und kommen zur Epple-

Der Weg durch die Schwälblesklinge ist vor allem geologisch sehr interessant.

straße, wo man die großen Gebäude dieser Firma sieht.

Wir folgen der Epplestraße auf der anderen Seite nach rechts. Der Weg zieht gleich darauf nach links hoch und bringt uns über die B 27, nach der wir rechts abbiegen und entlang der Bundesstraße bis zum Waldheim Weidachtal gehen.

Wir halten uns links und am nächsten Weg nach rechts. Kurz darauf treffen wir auf die querende Trochtelfinger Straße. Bei den ersten Häusern biegen wir nach rechts ab in den Haigerlocher Weg, der uns zur Sigmaringer Straße bringt.

Hier geht es ein wenig nach links versetzt auf der anderen Straßenseite weiter. Nach dem Gewerbegebiet kommen wir wieder zu Wohnhäusern. An der Querstraße halten wir uns rechts, erreichen den Riedsee und gleich die Rembrandtstraße, auf der wir nach links zur Haltestelle Riedsee kommen.

- **Länge:**
  Etwa 12 Kilometer.

- **Zeit:**
  Etwa 3–4 Stunden.

- **Höhenunterschied:**
  Etwa 60 Meter.

- **Sonstiges:**
  Man geht auf festen Wegen, aber auch auf Waldwegen. Wer möchte, kann die Tour zusammen mit Teil 1 an einem Stück absolvieren. Dann ist allerdings zu überlegen, ob man angesichts der Länge nicht besser mit dem Rad fahren sollte.

- **Zum Nachlesen:**
  Faltblatt Möhringer Hexenweg.

Durch und um Weilimdorf

Diese Wanderung kann man in zwei Teile trennen, die man entweder separat oder auf einmal unternehmen kann. Man besucht zuerst das alte Weilimdorf, in dem einige sehenswerte Gebäude stehen, und spaziert dann zum historischen Fasanengarten. Danach kehrt man wieder ins Zentrum zurück. Nun kann man den zweiten Teil anschließen, der uns durch schöne Streuobstwiesen und in den Wald bringt. Am Ende der Tour erwartet uns noch eine prächtige Aussicht über die Weinberge.

Weilimdorf wurde 1243 erstmals als Wyl im Glemsgau urkundlich erwähnt. Frühere Siedlungsspuren fand man ab der Hallstattzeit, und auch die Kelten, Römer und Alamannen hinterließen ihre Spuren. Zusammen mit der Grafschaft Asperg gelangte Weilimdorf 1308 an Württemberg.

■ **Ausgangspunkt:**
Weilimdorf, Löwen-Markt (Stadtbahnlinien U 6, U 13, Buslinie 90).

■ **Wegverlauf:**
Wir gehen vom Löwen-Markt aus nach Westen, überqueren die Solitudestraße und spazieren in die Glemsgaustraße, in der wir einiges an alter Bausubstanz sehen.

Zuerst fällt uns vielleicht das extrem schmale Gebäude **Nummer 30/32** auf, danach an **Haus 38,** einem Weinbauernhaus und zeitweise Gaststätte zum Lamm, die alte Türumrahmung und der Torbogen. Das massive Erdgeschoss stammt von 1603, der Fachwerkaufbau von 1716. **Haus 42** war das ehemalige Amtshaus der Pfleger der Universität Tübingen. Es wurde als verputztes Fachwerkhaus im Stil des Klassizismus 1813/15 von Universitätspfleger Christoph Helfferich erbaut. Wenn wir weitergehen, sehen wir die ehemaligen Weinbauernhäuser **56** und **58,** die ebenfalls schöne Torbogen besitzen, an denen sie mit der Jahreszahl 1608 gekennzeichnet sind. **Haus 60** ist ein prächtiges Fachwerkhaus und stammt von 1722. Es besitzt ein barockes Sichtfachwerk.

Wir biegen nach links in die Ditzinger Straße ein; gleich links kann man zur Kirche gelangen. Hinter ihr befindet sich ein Gärtchen, au-

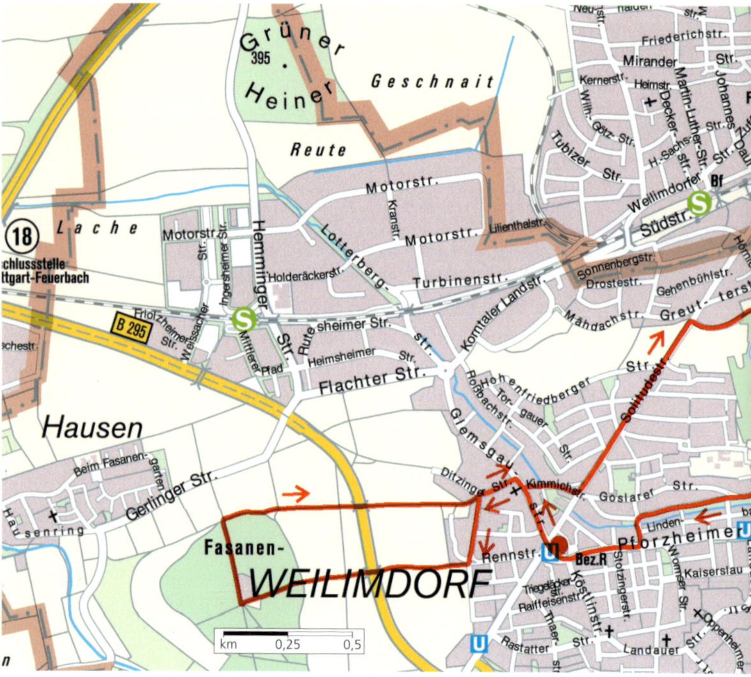

ßerdem die Heimatstube im Alten Pfarrhaus. Im ummauerten Kirchhof sehen wir das Alte Schulhaus.

Die evangelische **Kirche Sankt Oswald** wurde im 12. Jahrhundert von den Welfen erbaut. 1472 erhielt das Langhaus seine heutige Gestalt, der Turm wurde 1595 aufgestockt. Die Kirche besitzt im frühgotischen Turmchor ein Sternrippengewölbe aus dem 14. Jahrhundert, Fresken aus dem späten 14. Jahrhundert, ein Kruzifix aus dem 15. Jahrhundert und ein Relief mit einer Beweinung Christi von Hans Seyffer (um 1510 bis 1515). Auf der Empore sieht man 27 Bilder von 1678. Sehenswert ist auch das Grabmal des Herzoglichen Rates C.F. Schickart († 1774). Der kleine, ummauerte **Pfarrgarten** besitzt ein über dem hinteren Zugang aufgesetztes **Gartenhäuschen** mit Sichtfachwerk, in dem angeblich die Pfarrer ihre Predigten schrieben. Die granitene Skulptur im Gras stammt von Ralf Bodenseh und heißt »Die Technik kommt über uns«. Das **Alte Pfarrhaus** wurde 1559 von einem der ersten evangelischen Pfarrer des Ortes erbaut. Das heutige Gebäude stammt aus der ersten Hälfte des 18. Jahrhunderts. In dem Areal stehen auch das **Alte Schulhaus** und das **Alte Rathaus;** auf Tafeln sind

Erläuterungen zu beiden Bauwerken zu lesen. Das Rathaus wurde 1551 erstmals genannt und ist ein verputztes Fachwerkhaus. 1864 wurde es umgebaut. Im Dachgeschoss befinden sich noch zwei Arrestzellen.

Wir spazieren bis zur Verzweigung Ditzinger und Bergheimer Straße. Hier steht das Haus Linde.

In der im 18. Jahrhundert erbauten **Linde** wohnten früher die Vogteipfleger der Universität Tübingen. Sie verwalteten die Einkünfte aus dem Dorf.

Wir halten uns links und marschieren, bis die Höfinger Straße nach rechts und die Rennstraße nach links abgeht, und biegen in der Verlängerung der Rennstraße rechts ab. Nun wandern wir durch die Natur zum Wald und dort geradeaus bis zur Fasanerie.

Die barocke **Fasanerie** wurde ab 1765 kurz nach dem Baubeginn auf der Solitude von Herzog Carl Eugen im »Härdtle« angelegt und bestand bis 1919. Durch den Wald zog man Wege, die sich nach französischem Vorbild hier sternförmig trafen. Man züchtete Fasanen, setzte sie aus und jagte sie anschließend. Die Vögel verbreiteten sich in den umliegenden Feldern und Wäldern bis hoch

Relief am zwölfeckigen Pavillon der Fasanerie

zum Schloss Solitude. Die Häuser aus rotgelbem Sandstein, die heute Forstzwecken dienen, wurden unter König Wilhelm I. ab 1818 erbaut, ebenso der klassizistische zwölfeckige Pavillon im Schnittpunkt von acht Waldalleen, der mit Fasanenreliefs und einem goldenen Fasan auf dem Dach geschmückt ist. Hier hielten sich die Hofdamen während der Jagd auf; anschließend diente der Pavillon als Vesperplatz für die Jagdgesellschaft. Die Gesamtanlage steht unter Denkmalschutz.

Am Pavillon halten wir uns rechts und gehen bis zum Waldrand, wo wir nach rechts abbiegen und immer geradeaus zurück nach Weilimdorf spazieren. Bei den ersten Häusern treffen wir auf die Ditzinger Straße; etwas weiter rechts führt ein schmales Weglein in Gehrichtung weiter. Wir kommen am Pfarrgarten vorbei und danach auf Stufen hinab zur Glemsgaustraße. Leicht nach rechts versetzt gehen wir in der Straße Beim Esel weiter. Hier befand sich bis 1938 ein durch die aufgestaute Lindach entstandener Teich, der zum Baden und als Löschteich genutzt wurde. Am Spielplatz biegen wir links ab und gehen auf der Kimmichstraße nach rechts zur Solitudestraße.

Bis hierher waren es rund viereinhalb Kilometer. Wer will, kann die Tour nun abbrechen und nach rechts zurück zum Löwen-Markt gehen.

Ansonsten folgen wir der schnurgeraden Straße nach links, erst bergauf, dann bergab und schließlich durch ein Wiesental. Danach biegen wir rechts ab in die Schaiblestraße. Nach den Häusern und Wiesen kommen wir in den Wald. Rechts liegt der Tachensee, leider auf Privatgelände. Am Ende des Zauns auf der rechten Seite können wir dem Naturweg kurz nach rechts folgen, um einen Blick auf den See zu erhaschen.

Der **Tachensee** ist der einzige natürliche See in Stuttgart und als flächenhaftes Naturdenkmal ausgewiesen. Hier hat das Grundwasser den Gips in den Schichten des Gipskeupers gelöst, so dass dort Hohlräume entstanden. Die darüber liegenden Schichten sackten ein und es entstand eine Senke, in der sich Wasser sammelte. Der See ist ein bei Amphibien beliebtes Laichrevier. – 1906 bis 1909 wohnte hier der bekannte Maler Otto Reiniger.

Danach kehren wir zum ursprünglichen Weg zurück und folgen ihm nach rechts. Schließlich kommen wir hoch zu einem Parkplatz, wo wir nach links zum Tennisplatz abbiegen. Wir gehen bis zur Greutterwaldstraße, der wir nach rechts folgen. Nach den Häusern sehen wir rechts das Streuobstwiesengelände Greutterwald.

Der **Greutterwald** hat seinen Namen vom mittelhochdeutschen Geriude (später Gereute), was gerodetes Land bedeutete. König Wilhelm I. ließ hier in der ersten Hälfte des 19. Jahrhunderts den Wald roden und Obstbäume pflanzen. Rund dreißig Hektar große Streuobstwiesen im Nordwesten des Gebiets befinden sich heute unter Naturschutz. Hier stehen rund 1400 Obstbäume. In den alten Bäumen und Althölzern leben zahlreiche Fledermausarten und Vögel, darunter viele Baumhöhlenbewohner wie der Große Abendsegler, Spechte und Eulen. Außerdem findet man hier Stuttgarts größten Pirol-Bestand. Man hat 200 Schmetterlingsarten gezählt. 1984 wurde eine 151 Hektar große Fläche zum Naturschutzgebiet erklärt.

Stäffele in einem Wengert am Lemberg

Am Waldrand nach den Wiesen biegen wir links ab, an der nächsten Straße nach rechts. Wir marschieren durch den Wald bis zum nächsten Abzweig. Hier biegen wir nach rechts ab und gehen nun eine Weile nach Süden. Nachdem wir ein Bächlein überquert haben, geht es nicht mehr geradeaus weiter. Nun halten wir uns rechts und wandern auf dem Korntaler Weg nach Westen bis zum Tennisplatz, den wir noch von vorhin kennen. Hier biegen wir nach links ab und gehen auf dem Korntaler Weg etwas bergauf. Oben kommen wir aus dem Wald, spazieren am Waldrand entlang weiter und kommen am nächsten Waldstück zu einer Verzweigung.

Hier nehmen wir den zweiten nach rechts führenden Weg, der durch den Wald etwas nach oben führt und uns zum links liegenden Kotzenloch (siehe Seite 74) bringt.

Ein Kleinod: altes Weinberghäusle

Nun müssen wir nach rechts die Stufen hinabgehen. Vorher sollten wir dem gleich darauf nach links abknickenden Korntaler Weg noch ein Stück folgen. Er führt uns hinaus in die Weinberge, wo wir den Blick ins Tal, auf Feuerbach und auf Weilimdorf genießen.

Dann kehren wir zurück zum Kotzenloch und gehen nach links hinab. Unten halten wir uns links und kommen zu einer kleinen Grünanlage mit einem See. Wir spazieren auf dem Fußgängerweg am See entlang nach rechts, bis es nicht mehr weitergeht. Hier halten wir uns rechts zur Stedinger Straße und biegen kurz danach in der Mathildenstraße nach links ab zur Pforzheimer Straße. Sie bringt uns nach rechts zurück ins Weilimdorfer Zentrum mit dem Löwen-Markt.

Der **Löwen-Markt** wurde in seiner heutigen Gestalt 1984 angelegt. Der von Jörg Failmezger 1985 geschaffene Brunnen auf dem Platz soll Kraft und Dynamik symbolisieren.

Länge:

Erster Teil etwa 4½ Kilometer, insgesamt etwa 12 bis 14 Kilometer, je nachdem, wie weit man in den Weinbergen spaziert.

Zeit:

Erster Teil etwa 1 Stunde, insgesamt etwa 3 bis 3½ Stunden.

Höhenunterschied:

Erster Teil unwesentlich, insgesamt etwa 200 Meter.

Sonstiges:

Man geht auf festen Wegen, aber auch auf Waldwegen.

Zum Nachlesen:

Faltblatt Weilimdorfer Rundwege. Bezirksstelle für Naturschutz und Landschaftspflege: Faltblatt Naturschutzgebiet Greutterwald.

Durch das alte Cannstatt

Nicht umsonst sind die Cannstatter stolz auf ihre lange Geschichte, hat sie doch einige Besonderheiten aufzuweisen. Bummelt man durch die Gassen der Altstadt, findet man noch einige schöne alte Gebäude mit interessanter Geschichte. Typisch für den Badeort sind auch seine vielen Brunnen.

Der am 1. April 1905 mit Stuttgart vereinigte Stadtteil Bad Cannstatt kann auf eine lange Geschichte zurückblicken. Bereits in der Steinzeit siedelten hier Jäger, später Römer und Alamannen. 1289 wurde Cannstatt als »villa« bezeichnet, 1330 erhielt es von Kaiser Ludwig IV. Esslinger Stadtrecht. Da es verkehrsgünstig gelegen war, wurde bereits 1543 eine erste Poststation gegründet. Der Philosoph Leibniz schlug 1696 sogar vor, Cannstatt zur Landeshauptstadt zu ernennen. 1845 führte die erste württembergische Eisenbahnlinie von Cannstatt nach Untertürkheim und Esslingen.

Bad Cannstatt mit seinen Mineralquellen ist aber nicht nur die Stadt des Wassers, sondern sicherlich ebenso die Stadt des Weines! Der heilige Urban selbst soll der Überlieferung nach eine Kirche in Altenburg, mitten im heutigen Bad Cannstatt, gegründet und um diese Kirche die ersten Weinberge angelegt haben. Der Tag seines Märtyrertodes, der 25. Mai, wurde von den Urbansbrüderschaften der Weingärtner immer besonders begangen. Die Mitglieder trafen sich zum Feiern um einen Tisch mit der Statue des Heiligen. Nur: Wie das Wetter an diesem Tag, so sollte auch der Sommer werden. Schien also die Sonne, wurde die Figur bekränzt und mit Wein besprengt. Aber wehe, es regnete! Dann wurde die Figur »verunehret«, das heißt mit Wasser begossen und symbolisch ertränkt!

■ **Ausgangspunkt:**

Bahnhof Bad Cannstatt (S-Bahn-Linien S 1, S 2, S 3, Buslinie 56),

Wilhelmsplatz (Stadtbahnlinien U 1, U 2, U 3, Buslinien 52, 55, 56).

■ **Wegverlauf:**

Vom Cannstatter **Bahnhof** fuhr am 5. Oktober 1845 die erste Eisenbahn Württembergs. Ziel war Untertürkheim, unter den Fahrgästen befand sich König Wilhelm I.

Wir gehen durch die Bahnhofstraße zum Wilhelmsplatz. Wer mit der Stadtbahn ankommt, startet direkt hier. Nach der Überquerung des Platzes spazieren wir durch die Marktstraße weiter. Gleich danach geht nach links der Badgraben ab; an der Ecke steht das Geburtshaus des Dichters Thaddäus Troll. Dahinter ist links der Rest des Waiblinger Tors zu sehen.

Das um 1500 erbaute **Waiblinger Tor** ist noch in Resten vorhanden und gewährte bis 1812 den Zugang zur Stadt. An ihm ist ein Relief von Elke Krämer angebracht.

Wir gehen weiter zu den Resten der Stadtmauer.

Die hier als Teilstück sanierte **Stadtmauer** wurde zur Zeit Herzog Ulrichs im 15./16. Jahrhundert errichtet und ab 1815 nach den napoleonischen Kriegen abgebaut. Hier in der Nähe des ehemaligen Waiblinger Tors war ein strategisch wichtiger Punkt der Mauer. Bis etwa 1825 reichte Cannstatt nicht über diese Stadtmauer hinaus.

Hier biegen wir nach rechts ab und kommen in den Felgerhof. Danach geht es durch die Felgergasse zurück zur Marktstraße.

Der Name des **Felgerhofes** könnte auf »felgen« = umgraben oder umackern zurückgehen; er weist auf die Arbeit der Wengerter in ihren Weingärten hin, die früher hier lebten. Vielleicht kommt der Name aber auch von Daniel oder Michael Felger, die im 17. Jahrhundert von Beinstein nach Cannstatt gezogen waren. – Das **Stelzenhaus**, Felgergasse 4, ist ein Ackerbürgerhaus und stammt vom Anfang des 16. Jahrhunderts. Es besitzt eine Bohlenbalkendecke.

Wenn wir der Marktstraße weiter nach links folgen, kommen wir zum Erbsenbrunnen.

Der **Erbsenbrunnen** wurde 1929 vom Bildhauer Professor Fritz von Graevenitz geschaffen. Nach einer oft erzählten Geschichte war das Modell sein Neffe, der spätere Bundespräsident Richard von Weizsäcker, der dies auch anlässlich seiner Ernennung zum Ehrenbürger von Stuttgart erzählte. Graevenitz' Tochter widersprach jedoch und sagte, das Büble sei ein reines Phantasieprodukt: Weizsäcker sei für einen im Zweiten Weltkrieg zerstörten Brunnen Modell gestanden. Wie dem auch sei, hier steht jedenfalls auf einer Erbse ein kleines Büblein, das einen Krug emporhält. Aus vier Löchern spritzt das Wasser in das Brunnenbecken. Vorgänger war ein eiserner Brunnen. Mit dessen Wasser sollen Erbsen und andere Hülsenfrüchte am besten geworden sein, denn es war nicht so eisenhaltig wie das übrige Cannstatter Wasser. Dazu gibt es den volkstümlichen Vers: »Erbsbüable, nemm dei Krüagle, mach koin Moschtkopf na, das d' Mamma d' Erbsebobbla für dr Vadder koche ka.« Der heutige Brunnen besteht aus Travertin. Nachdem nach dem Krieg ein Besatzungssoldat den Brunnen zerstört hatte, wurde er vom Bildhauer 1948 neu geschaffen.

Südliche Atmosphäre im alten Bad Cannstatt

Die Marktstraße beschreibt hier einen Knick nach rechts. Wir kommen zu einigen interessanten Häusern, dem Alten Rathaus und der Kirche.

Im **Gebäude Marktstraße 40** wohnte vor den Ersten Weltkrieg zeitweise der österreichische Operettenkomponist Robert Stolz (1880–1975), als er als Kur-Kapellmeister und Dirigent im Wilhelma-Theater tätig war. Hier wurde 1914 seine Operette »Das Lumperl« uraufgeführt. – In **Gebäude Marktstraße 51** wurde der in der Zeit des Jugendstils tätige Bildhauer Emil Kiemlen (1869 bis 1956) geboren; begraben ist er auf dem Uffkirchhof. In Cannstatt sind von ihm der Junobrunnen, das Kriegerdenkmal auf dem Steigfriedhof und das Daimler-Denkmal im Kurpark zu sehen, in Uhlbach hat er den Weingärtner-Brunnen, im Herdweg den Faunbrunnen und in Esslingen den Postmichelbrunnen und das Lenaudenkmal gestaltet. – Das **Alte Rathaus** wurde 1491 errichtet. Beim Umbau 1875 erhielt es sein Eingangsportal und die heutige Fassade. Die Glocke im Dachreiter

Stadtkirche und Altes Rathaus

Die **Stadtkirche** ist die einzige noch erhaltene gotische Hallenkirche in Stuttgart. Sie besitzt drei Schiffe und war einst den beiden heiligen Ärzten Cosmas und Damian geweiht. Das heutige spätgotische Gebäude wurde 1460 bis 1471 von Aberlin Jörg anstelle des Vorgängerbaus errichtet; dieser war der zweite Kirchenbau hier. Der Renaissanceturm stammt von Heinrich Schickhardt (1613/14). Im Chor befinden sich drei Glasmalereien von Wolf-Dieter Kohler (1963). Die Kirche ist an den Markttagen (Dienstag, Donnertag, Samstag) geöffnet.

Gegenüber befindet sich das Haus des ehemaligen Gasthofes Crone.

Der **Gasthof Crone,** Marktstraße 55, wurde 1489 erbaut und war früher ein bedeutendes Haus. Das heutige Gebäude wurde 1589 durch den Stadtvogt Johannes Mayer neu errichtet, 1944 zerstört und 1957 wieder aufgebaut. Die Apotheke in seinen Mauern ist die älteste Bad Cannstatts und hat sich nach diesem Gasthof benannt.

stammt aus der Zeit zwischen 1200 und 1250 und ist die zweitälteste Glocke Württembergs. Der wie eine **Weinpresse** gestaltete Brunnen vor dem Rathaus stammt von Hans-Dieter Bohnet und wurde zum 500-jährigen Bestehen des Rathauses 1991 errichtet. Er besitzt ein abgestuftes rundes Becken, dessen Stufen ausgetretene Weinbergtreppen darstellen sollen. In der Mitte steht eine Gewindespule aus Bronze, die an eine Weinpresse erinnert. Das Wasser läuft zwischen zwei Mühlsteinen in das Becken.

Nun gehen wir nach links in die Brählesgasse, in der wir einige schöne alte Häuser bewundern können. Am Ende der Gasse biegen wir nach rechts in die Badstraße ein und folgen ihr, bis wir links die Wilhelmsbrücke sehen und rechts am Thaddäus-Troll-Platz die Marktstraße einmündet.

Vor der **Wilhelmsbrücke** sieht man ein Bronzerelief, das an die Vereinigung Cannstatts mit Stuttgart 1905 erinnert. Die heutige Tafel ist eine Kopie des Originals von 1930, das bei der Brückensprengung am Ende des Zweiten Weltkriegs beschädigt wurde und sich im Foyer des Großen Kursaals befindet.

An der Brücke stand das **Brückentor,** eines der vier Cannstatter Stadttore. Seit 1479 diente es zugleich als Zollstätte, denn hier kreuzten sich einst wichtige Fernhandelsstraßen. Die Brücke war deshalb früher eine »Haupt- und Landesbrücke«. 1796 war sie bei der »Schlacht zu Kannstatt auf der Brucken« schwer umkämpft. Sogar Johann Wolfgang von Goethe besuchte auf seiner Schweizreise 1798 diesen historisch wichtigen Ort. 1938 wurde von Eberhard Etzel eine erste Steinbrücke errichtet, die man im Zuge der Neckarregulierung durch die jetzige Brücke ersetzte.

Das Klösterle, Stuttgarts ältestes Wohnhaus

Der **Thaddäus-Troll-Platz** erinnert an den in Cannstatt geborenen Dichter (1914–1980) mit dem bürgerlichen Namen Dr. Hans Bayer. An eines seiner bekanntesten Werke, »D'r Entaklemmer«, erinnert die von Elke Krämer geschaffene Skulptur.

Hinter dem Thaddäus-Troll-Platz stehen das Klösterle und dahinter das Stadtmuseum.

Das **Klösterle,** Marktstraße 71, wurde 1463 erbaut. Es ist das älteste Wohnhaus Stuttgarts und weist innen noch seinen Originalzustand auf. Hier wirkten bis zur Reformation Beginen, ein ohne Ordensregeln arbeitender mildtätiger

Frauenorden. Es ist das einzige Beginenhaus in Europa, das eine Kapelle besitzt. – Der 1870 erbaute **Klösterlebrunnen** ist aus Gusseisen und besitzt einen großen, rechteckigen Trog und eine reich verzierte Säule. Eine Skulpturengruppe rundet das Ensemble ab.

Das Gebäude des **Stadtmuseums,** Marktstraße 71/1, wurde 1470 als Scheune des benachbarten Beginenhauses erbaut. Um 1650 wurde es zur Kelter des Mennerschen Hofes umgebaut. 1982 hat man das Haus wegen einer Tiefgarage abgerissen, 1989 aber als Museumsgebäude wieder aufgebaut. Es werden Exponate zur Geschichte Bad Cannstatts gezeigt. Das Museum kann mittwochs von 14 bis 16 Uhr, an Samstagen von 10 bis 13 Uhr und sonntags von 10 bis 16 Uhr besichtigt werden.

Nun gehen wir kurz in der Überkinger Straße weiter und biegen gleich danach rechts in die Zaisgasse ein. Sie ist nach Wilhelm Zais (1772–1840) benannt, der 1802 die erste Cannstatter Fabrik gegründet hatte. Er war Schüler der Hohen Karlsschule und später Landtagsabgeordneter. Hier steht der Schreinereibrunnen.

Der 1870 geschaffene **Schreinereibrunnen** ist ein rechteckiger Trog aus Gusseisen mit einer runden Säule. Seinen Namen hat er von der benachbarten Gaststätte und Weinstube »Schreinerei«. Sie wurde von Schreinermeister Wagner, dem langjährigen Vorsitzenden des »Arbeiterbildungsvereines Cannstatt« gegründet. Sein Wasser erhält er aus der Kellerbrunnenquelle.

Wir folgen der Zaisgasse weiter bis zur Brunnenstraße. An der Ecke steht das ehemalige Zunfthaus der Fischer, etwas weiter südlich das Alte Spital.

Das ehemalige **Zunfthaus** der Fischer, Brunnenstraße 11, war einst der Gasthof »Goldener Löwe«. Hier wurde ab 1717 die Hauptlade der Fischer- und Schifferzunft aufbewahrt. Das Haus besitzt einen Erker, der von einer aus der Renaissance stammenden Konsole getragen wird.

Das ehemalige **Alte Spital,** Brunnenstraße 7, wurde 1545 nach der Reformation erbaut, nachdem die Beginen, deren Orden aufgehoben worden war, sich nicht mehr um die Kranken kümmern konnten. Es diente nicht nur als Krankenhaus und Altersheim, sondern war auch für die Besoldung der Pfarrer und Lehrer zuständig. Im 18. Jahrhundert wurde es als Lagerhaus für den Hafen verwendet, ab etwa 1880 war es jüdische Religionsschule und Volkscafé.

Nun spazieren wir durch die Brunnenstraße nach Nordosten. Das Gebäude Brunnenstraße 26 war das ehemalige Schmidener Tor, das bis etwa 1815 eines der drei Cannstatter Haupttore war.

Wir kommen zum Johannes-Kepler-Gymnasium, Daimlerstraße 8.

Das **Johannes-Kepler-Gymnasium** geht auf eine 1548 erwähnte

Lateinschule auf dem Marktplatz zurück. Das heutige Gebäude wurde 1912 unter anderem durch Ludwig Eisenlohr erbaut; der bekannteste Schüler war der Dichter Hermann Hesse.

Danach stoßen wir auf die Kursaal-Anlagen und spazieren auf ihrer linken Seite weiter. Vor den Stadtbahnschienen steht links der Lautenschläger-Brunnen.

Der **Lautenschläger-Brunnen** wurde 1934 von Jakob Clement aus einheimischem Travertin geschaffen. Er besitzt eine achteckige Säule mit einem Laute spielenden Jungen auf einer Kugel; darunter fließt Mineralwasser in einen achteckigen Trog. Ob er seinen Namen von dem Musikinstrument oder vom ehemaligen Oberbürgermeister Lautenschlager hat, ist nicht bekannt. Das Wasser stammt aus dem Wilhelmsbrunnen, der hinter dem Großen Kursaal entspringt.

Statue König Wilhelms I. vor dem Kursaal

Hinter den Schienen liegt links das Mineralbad, rechts der Große und noch weiter rechts der Kleine Kursaal.

Der **Große Kursaal** wurde von Nikolaus Friedrich von Thouret (1767–1845) im klassizistischen Stil im Auftrag des »Brunnenvereins Cannstatt« erbaut. 1825 bis 1841 unterstützte König Wilhelm I. den Bau, der zunächst als offene Trinkhalle ausgeführt wurde. Ab 1858 wurden von Ferdinand Steinbeis hier »Fortschritts-Ausstellungen« veranstaltet, die wegbereitend für die Entwicklung der württembergischen Veredelungsindustrie waren. Das Gebäude brannte 1943 aus und wurde 1949 wieder aufgebaut. Das **Reiterstandbild** stellt König Wilhelm I. (1781–1864) dar und wurde 1875 von Johann von Halbig geschaffen. Bis 1881 stand es auf dem Wilhelmsplatz. Im Hof des Kursaals kann man vom Wasser der Gottlieb-Daimler-Quelle und des Wilhelmsbrunnens trinken.

Der **Kleine Kursaal** wurde 1907 bis 1909 von Albert Eitel im Jugendstil erbaut. Davor steht die **Büste** des Komponisten Robert Stolz, der vor dem Ersten Weltkrieg hier Kurkapellmeister war.

Hinter den Kursälen kommt man in den schönen Kurpark.

Der **Kurpark** in Bad Cannstatt besitzt einen schönen alten Baumbestand, der zum Teil auf die erste Hälfte des 19. Jahrhunderts zurückgeht. Wenn man Zeit hat, sollte man in der Anlage unbedingt ein wenig spazieren gehen.

Anschließend gehen wir rechts des Kleinen Kursaals parallel zur Taubenheimstraße, aber im Park, bis zur Gottlieb-Daimler-Gedächtnisstätte.

Die **Gottlieb-Daimler-Gedächtnisstätte**, Taubenheimstraße 13, erinnert an den Autopionier, der hier 1882 bis 1900 arbeitete und zusammen mit Wilhelm Maybach im ehemaligen Gewächshaus seinen schnelllaufenden Benzinmotor baute. In seinem ehemaligen Garten befanden sich damals die erste »Garage« und die erste »Tankstelle« der Welt. Unterhalb der Werkstatt steht das erste Daimlerdenkmal, das zu Ehren Gottlieb Daimlers 1902 im Auftrag des Deutschen Ingenieurvereins errichtet wurde. Auf dem Hügel steht der »Daimler-Turm«, sein »Tusculum«, das um 1890 mit dem Aushubmaterial der nahe verlaufenden Umgehungsbahn in Travertin erbaut wurde. Man kommt dort hin, wenn man rechts an der Gedächtnisstätte vorbei und auf den Hügel zu geht. Oben steht eine säulengeschmückte kleine Wandelhalle. Rechts davon befindet sich der Turm. Die Gedächtnisstätte kann dienstags und sonntags von 10 bis 16 Uhr besichtigt werden.

Nun gehen wir parallel zur Wildbader Straße auf der linken Seite der Anlagen zurück. Rechts sehen wir den Junobrunnen.

Der **Junobrunnen** wurde 1910 von Emil Kiemlen erbaut. Am Sockel sieht man vier Putten, die auf Delfinen reiten. Sie symbolisieren den Obst-, den Garten- und den Weinbau sowie den Fischfang. Oben auf der Säule steht Juno, die höchste römische Göttin, die als Schutzgöttin der Frau galt. Als Symbol der Schönheit begleitet sie ein Pfau. Der Bildhauer schenkte diesen Brunnen anlässlich der Vereinigung mit Stuttgart dem Cannstatter Verschönerungsverein, der ihn dann der Stadt Stuttgart weiterschenkte.

Am Gymnasium gehen wir rechts vorbei und kommen durch die Brunnenstraße zur Kirche. Vorher biegen wir links ab auf den Marktplatz. Vor uns sehen wir den Polizeibrunnen.

Der spätklassizistische **Polizeibrunnen** von 1831 hat seinen

Namen von der nahe gelegenen Polizeiwache und war Nachfolger des früheren Holzmarktbrunnens. Er besteht aus einem rechteckigen gusseisernen Trog und einer runden Säule aus Schilfsandstein mit zwei Wasserläufen.

Wir gehen zwischen dem Brunnen und der Kirche durch die schmale Gasse zum großen Teil des Marktplatzes. Hier steht links das Alte Dekanat.

Das 1585 erbaute **Alte Dekanat** dient seit 1894 städtischen Behörden. Zeitweise war hier auch ein Polizeirevier untergebracht.

Am Südende des Marktplatzes biegen wir nach links ab in die Sulzbachgasse. Die nächste Straße links heißt Lammgasse. Gebäude Nummer 3 ist das Geburtshaus von Eberhard Friedrich Walcker.

Eberhard Friedrich Walcker (1796–1872) führte die von seinem Vater 1781 gegründete Orgelbaufirma in Ludwigsburg zur Weltgeltung.

Die Verlängerung der Lammgasse, rechts der Sulzbachgasse, ist die Küblergasse. Hier stehen das Geburtshaus von Georg Bernhard Bilfinger, Küblergasse 11, und das Zunfthaus des Brauchtumsvereins Kübelesmarkt, Küblergasse 10.

Georg Bernhard Bilfinger (1693–1750) war Prälat, Philosoph, Förderer des Weinbaus, Erzieher von Herzog Carl Eugen und seiner Brüder und mit Friedrich dem Großen befreundet. An der Prag legte er an der Stelle, wo sich heute die Landespolizeidirektion befindet, einen Versuchsweinberg an.

Das **Zunfthaus** des 1925 gegründeten Brauchtumsvereins Kübelesmarkt Bad Cannstatt wurde 1855 als Scheune aus Travertin erbaut. Der auch Stuttgarter Sauerwasserkalk genannte Travertin ist ein Baustoff, der außer in Bad Cannstatt nur noch an zwei weiteren Stellen in Europa vorkommt!

Wir gehen zurück zur Sulzbachgasse und biegen nach rechts ab. In der folgenden Spreuergasse halten wir uns wieder rechts und kommen zum Jakobsbrunnen.

Der 1834 erbaute **Jakobsbrunnen** besteht aus einem lang gestreckten Trog aus Gusseisen und einer gusseisernen Säule im Stil der Neugotik. Sie besitzt zwei Wasserspender und ein turmartiges Dach. Vorne sieht man das Stadtwappen von Bad Cannstatt und die Jahreszahl 1834 in römischen Ziffern. Sein Name stammt angeblich von Bewohnern der Nachbarschaft, die über mehrere Generationen alle mit Vornamen Jakob hießen.

Kurz nach dem Brunnen treffen wir wieder auf die Marktstraße, auf der wir nach links zum Ausgangspunkt zurückgehen.

- **Zeit:**

  Etwa 1 ½ bis 2 Stunden.

- **Zum Nachlesen:**

  Verein Pro Alt-Cannstatt e.V.: Historischer Pfad Bad Cannstatt. 1999.

Natur und Kultur: Rund um den Max-Eyth-See

Dieser Spaziergang ist recht abwechslungsreich. Wir starten am Max-Eyth-See, wohl einem der beliebtesten Naherholungsziele der Stadt, der auch eine prächtige Natur zu bieten hat, besichtigen einige sehenswerte Gebäude des alten Hofen, gehen weiter nach Mühlhausen, wo mit der Veitskapelle eines der bedeutendsten Kleinode der Stadt steht, und wandern mit guter Aussicht durch Weinberge hoch über See und Neckar zurück. Dieser Spaziergang deckt sich großenteils mit dem vom Bürgerverein Hofen ausgeschilderten »4-Burgen-Rundwanderweg«, ist aber wegen der sonstigen Sehenswürdigkeiten, der Aussicht und der herrlichen Natur ein wirklich lohnendes Ziel für alle Wanderfreunde.

- **Ausgangspunkt:**

Stadtbahnhaltestelle Wagrainäcker (Stadtbahnlinie U 14).

- **Wegverlauf:**

Wer mit dem Auto kommt, findet bei der Haltestelle einen großen Parkplatz, der allerdings an schönen Sommertagen überfüllt ist. Wir gehen von der Haltestelle aus in die Parkanlagen hinein, etwas nach rechts zum Max-Eyth-See (siehe Seite 158) und spazieren an seinem rechten Ufer weiter. Am Ende des Sees biegen wir nach links ab, kommen zum Neckar und halten uns hier rechts, auf die Schleuse zu. Wir unterqueren die Hofener Brücke mit den interessanten Schleusenanlagen und biegen kurz danach rechts ab nach Hofen.

Hofen war bis zu Beginn des 19. Jahrhunderts einer der wenigen katholischen Orte in Stuttgarts Umgebung und zog deshalb sonntags Katholiken von weit her an.

Hier steht rechts das alte Fährhäuschen.

Das ehemalige **Fährhäuschen** wurde 1813 mit einem Dachgeschoss in Sichtfachwerk erbaut. Es sind noch die Hochwassermarken früherer Zeiten zu sehen. Der Fährbetrieb wurde bis 1934 aufrechterhalten.

Jetzt biegen wir nach links in die Scillawaldstraße ab. Hier an der

Ecke steht ein altes Haus, dessen Geschichte auf einem Schild erläutert wird; weitere ältere Gebäude werden folgen.

Dieses 1740 erbaute **Wohnstallhaus** diente 1813 bis 1828 als Armenhaus, 1908 bis 1925 als Rathaus, dann bis 1977 als Polizeistation.

Vorbei an einem Laufbrunnen aus der zweiten Hälfte des 19. Jahrhunderts kommen wir zur Kirche. Dahinter sehen wir schon die Ruine Hofen.

Die katholische **Sankt-Barbara-Kirche** ging aus einer bereits vor 1380 bestehenden Kirche hervor und wurde 1783/84 von Baumeister Michael Bader im Auftrag des Domkapitels Konstanz im Stil des Klassizismus errichtet. Hofen blieb in der Reformation katholisch, weil der Ort – ebenso wie Öffingen – den der Reichsritterschaft angehörenden Rittern von Neuhausen gehörte. Das Hofener Gotteshaus war bis zum Bau der Eberhardskirche in der Königstraße Tauf- und Hochzeitskirche der Stuttgarter Katholiken. Sehenswert sind die gotische Marienstatue – die Stuttgarter Madonna – von etwa 1500, die bis zur Reformation 1535 in der Stuttgarter Stiftskirche stand, und die Rokokoaltäre, die aus dem 1805 aufgelösten Franziskanerkloster in Öffingen stammen. 1931 wurde die Kirche innen barockisiert. Auf dem 1532 angelegten Friedhof sieht man interessante Grabsteine und Epitaphe.

Die **Burg Hofen** wurde vermutlich um 1260 von den Grafen von Württemberg errichtet. Ihr Lehensnehmer war Cuno von Mühlhausen,

Burg Hofen ist die größte Ruine Stuttgarts.

der sich fortan »von Hofen« nannte. Sein Geschlecht starb 1369 aus. Das Dorf und die Burg kamen – wie auch Mühlhausen – an die Ritter von Neuhausen (auf den Fildern). Bei ihnen verblieb der Ort bis 1753. Die Burg wurde vermutlich im Dreißigjährigen Krieg zerstört, als die Feinde Proviant verlangten und nichts bekamen. Heute ist sie die größte Ruine in Stuttgart.

Noch vor der Kirche führt nach rechts die Wolfgangstraße hinauf. Hier steht das ehemalige Schloss.

Das ehemalige **Schloss der Herren von Neuhausen** wurde 1712 erbaut. 1779 bis 1783 diente es als katholisches Militärwaisenhaus, nachdem Herzog Carl Eugen 1753 Burg, Dorf und Schloss gekauft hatte. Sechs Jahre später wurde diese für die damalige Zeit vorbildliche Einrichtung nach Ludwigsburg verlegt. 1786 bis 1813 war hier die Herzogliche Normalschule untergebracht, dann bis 1863 das Rathaus und die Gemeindeschule. Über der Tür sieht man das Wappen der Neuhausener und die Jahreszahl 1722.

Wir folgen der Wolfgangstraße weiter bis zur quer verlaufenden Hartwaldstraße. Links steht der ehemalige Hof Scheef aus dem 16. Jahrhundert. Gegenüber sehen wir das so genannte Scheef-Kreuz von 1857, ein schmiedeeisernes Waffen-Christi-Kreuz (Arma-Christi-Kreuz) auf einem Sandsteinsockel. Nun machen wir einen kurzen Abstecher nach links und kommen zu einem alten Stundenstein (Ende 18./Anfang 19. Jahrhundert), an dem zu sehen ist, dass die Entfernungen früher nicht in Kilometer, sondern in Gehstunden gemessen wurden. Angeschrieben sind die Richtungen und Zeiten nach Öffingen und Schmiden.

Danach spazieren wir in der Hartwaldstraße abwärts bis zur Gubailstraße, in die wir nach rechts einbiegen. An der Verzweigung sehen wir einen weiteren alten Brunnen.

An der Ecke Gubail-/Scillawaldstraße steht links eine sehenswerte Hofanlage.

Die **fränkische Hofanlage** stammt aus dem 16./17. Jahrhundert und besteht aus einem Bauernhaus und einem Gebäude, das vielleicht als Gesindehaus diente. Die Fachwerkoberbauten sind heute verputzt. Den Hof betritt man durch ein Rundbogentor.

Wir folgen der Scillawaldstraße nach links, bis wir nach einem Spielplatz rechts in den Raingärtlesweg abbiegen. Wir überqueren die Mühlhauser Straße bei der Stadtbahnhaltestelle und kommen wieder in die Parkanlage. Nun halten wir uns rechts, gehen aber kurz darauf rechts hoch zur Straße und überqueren die Hofener Brücke.

Wehr, Kraftwerk und Schleuse wurden 1927 bis 1935 von Otto Konz erbaut, wobei 1926 bis 1933 auch Paul Bonatz beratend tätig war. Die Schiffschleuse stammt von 1955/57.

Nach der Brücke gehen wir kurz nach rechts; nun sind wir in Mühlhausen. Wir biegen bei der Haltestelle Auwiesen nach links, dann nach rechts in die Arnoldstraße ein.

Zusammen mit der Grafschaft Asperg gelangte **Mühlhausen** 1308 an Württemberg und kam 1369 zusammen mit Hofen an die Herren von Neuhausen. Nach verschiedenen anderen Besitzern gelangte der Ort 1728 an die Freiherren von Palm und kam 1806 wieder an Württemberg zurück. 1931 wurde Mühlhausen nach Stuttgart eingemeindet. Im Mittelalter gab es hier links und rechts über dem Feuerbach Burgen

Gusseisernes Brünnele

(Ruinen Engelburg und Heidenburg). Beide wurden in den Reichskriegen um 1300 zerstört.

Wir folgen der Arnoldstraße bis zur querenden Mönchfeldstraße. Dahinter behalten wir in der Veitstraße unsere Richtung bei. Die Straße zieht nach links hoch zur Veitskapelle.

Die gotische **Veitskapelle** entstand 1380 bis 1390 als Stiftung des Prager Bürgers Reinhard von Mühlhausen und wurde nach dem böhmischen Nationalheiligen benannt. Sie gehört zu den wenigen gotischen Bauten der Stadt und besitzt Fresken aus dem 15. Jahrhundert, eine aus dem Mittelalter stammende Mariä-Ohnmacht-Gruppe, einen geschnitzten Hauptaltar von 1510 sowie weitere Schnitzaltäre aus dem 16. Jahrhundert.

Nach der Kapelle halten wir uns links in die Straße Meierberg. Wo gleich darauf die Wenzelstraße nach rechts hochzieht, sehen wir oben die Ruine der evangelischen Pfarrkirche.

Walpurgisstraße 20 ist die **Ruine** der 1275 erstmals erwähnten **evangelischen Pfarrkirche.** Sie ging aus einer der heiligen Walpurgis geweihten Burgkapelle der vielleicht im 12. Jahrhundert errichteten Heidenburg hervor und wurde 1390 geweiht. Die Burg wurde 1312 von der Stadt Esslingen im Reichskrieg gegen Württemberg zerstört. Ab 1567 war die Kirche evangelisch und wurde 1783 unter dem Protektorat der Freiherren von Palm neu erbaut. Seit Kriegsende ist sie eine Ruine.

Durch die Straße Meierberg geht es hinab zur Mönchfeldstraße. Dahinter ist das Palm'sche Schloss zu sehen.

Das **Palm'sche Schloss** wurde 1812/13 im Stil des Klassizismus für Jonathan Freiherr von Palm auf den Resten des abgebrannten und daraufhin abgebrochenen Schlosses von 1595 erbaut. Zum Schloss gehören auch ein schönes Brunnenhaus und ein Gartenpavillon. Die Brüder Palm haben 1728 das Rittergut Mühlhausen übernommen. Seit 1933 gehört das Gebäude der Stadt und diente erst als Kinderheim, seit 1990 als Bezirksrathaus.

In Serpentinen wandern wir durch die Parkanlage hinauf und stoßen oben auf die Ruine Engelburg.

Die **Engelburg** wurde früher auf zwei Seiten von Gräben, auf den anderen beiden Seiten vom natürlichen Steilabfall geschützt. Sie wurde durch die Edelfreien von Blankenstein 1260 bis 1282 als Neue Burg erbaut. Davor stand hier vielleicht die um 700 erwähnte Biberburg des Alamannenherzogs Gottfried. Die Engelburg wurde 1312 im Reichskrieg gegen Württemberg von der Stadt Esslingen zerstört. Im 18. Jahrhundert stand noch eine Mauer der Anlage. Ab dem 19. Jahrhundert wurde sie zur Erinnerung an die Ritter Engelbold von Kaltental, die im 15. und 16. Jahrhundert die Ortsherren von Mühlhausen waren, Engelburg genannt.

Blick auf die Hofener Brücke, auf Hofen und Neugereut

Ab nun haben wir immer wieder eine herrliche Aussicht über die Weinberge hinab ins Neckartal, zum See und auf die gegenüberliegenden Höhen. Der Weg führt uns am Rand des Stadtteils Mönchfeld vorbei, zieht nach rechts und trifft direkt vor den Häusern auf einen querenden Weg. Wir gehen nach links und kommen zu einem Grundstück mit Bäumen und einem Haus, das links vom Weg liegt. Hier halten wir uns links. Gleich darauf überqueren wir einen Weg und spazieren dahinter auf einem schmaleren Weg links an der Tennisanlage vorbei bis zum nächsten Querweg.

Wir biegen nach rechts ab, nun mit dem Wanderzeichen roter Strich. Gleich darauf halten wir uns nach links. Jetzt geht es wieder durch Weinberge, die herrliche Durch- und Ausblicke bieten. An der Verzweigung orientieren wir uns mit dem Wanderzeichen rechts und spazieren eben weiter. Der Weg zieht nach rechts und bringt uns zu einem Querweg mit einer schmalen Betonmauer, die zu Garagen gehört. Wir biegen nach links ab. Nun fällt der Weg und trifft nach einiger Zeit nach einer Linkskurve auf einen Querweg, dem wir nach links bergab zum Max-Eyth-Steg (siehe Seite 157) folgen. Hier befindet sich in der Höhe der um 700 erwähnte Freienstein, vermutlich früher eine kleine Burg.

Auch wenn Baden nicht erlaubt ist: Der Max-Eyth-See ist bei Stuttgarts Wassersportlern sehr beliebt. Ruder- und Elektroboote kann man mieten.

Hinter dem Steg kommen wir in die Parkanlagen. Wir sollten vor dem See nach links zum Heidenschloss gehen.

Hier beim **Heidenschloss** stand einst ein römischer Gutshof. Der Name kommt daher, dass Bauern die Ruine für die Reste eines Schlosses hielten. Eine Tafel gibt ausführliche Erklärungen.

Hier lässt sich auch gut rasten. Anschließend wandern wir am Westufer des Sees zurück und schließlich auf bekanntem Weg zum Ausgangspunkt.

- **Länge:**
  Etwa 9 ½ Kilometer.

- **Zeit:**
  Etwa 3 Stunden

- **Höhenunterschied:**
  Etwa 150 Meter

Auf dem Blaustrümpflerweg rund um Heslach

Schade, dass die beiden Attraktionen des Stuttgarter Nahverkehrs, mit denen man die Höhen erklimmen kann, beide nach Süden hinaufführen: die Seilbahn und die Zahnradbahn. So bleibt uns bei diesem Spaziergang ein Anstieg nicht erspart. Er kommt allerdings gleich zu Beginn der Tour, wenn man noch ausgeruht ist. Beim zweiten Anstieg freut man sich dann, wenn man mit der Bahn hinauffahren kann. Und am Schluss der Wanderung kann man mit der »Zacke« gemütlich zu Tal fahren.

Besonderheiten dieser Tour sind die Seilbahn, die Zahnradbahn und der Waldfriedhof. Den Friedhof sollte man besuchen, ist er doch eine idyllische Anlage. Überdies sind hier verschiedene Stuttgarter Persönlichkeiten beerdigt.

Heslach war im Gegensatz zu anderen Stadtteilen nie ein eigenständiger Ort, sondern wurde von Stuttgart aus besiedelt. Es wurde im 14. Jahrhundert erstmals erwähnt. Sein Name leitet sich von den Haselsträuchern ab, die früher am Nesenbach wuchsen. Bevor sich im 19. Jahrhundert hier Industrie niederließ und Heslach zum Arbeiterwohnort wurde, hat man Weinbau betrieben; auch Mühlen gab es. Zum 25-jährigen Kronjubiläum von König Karl von Württemberg wurde es ab 1889 vorübergehend in Karlsvorstadt umbenannt. Auf der Tour kommt man im ersten Teil immer wieder an sehenswerten Häusern aus der Zeit zwischen dem Ende des 19. und Anfang des 20. Jahrhunderts vorbei.

Der Blaustrümpflerweg wurde im Jahr 2004 von der Ortsgruppe Heslach des Schwäbischen Albvereins geschaffen, um die beiden Bahnen in eine Wanderung durch die Wälder und um den Stadtteil einzubinden. Der Name geht auf den Spitznamen der Heslacher zurück. Sie erhielten ihn, weil sie der Sage nach 1519 den vertriebenen Herzog Ulrich verraten haben sollen. Nach seiner Rückkehr habe er deshalb befohlen, dass alle Heslacher fortan blaue Strümpfe tragen müssten.

- **Ausgangspunkt:**
  Marienplatz (Stadtbahnlinien U 1, U 14, Buslinie 41).

- **Endpunkt nach dem ersten Teil:**
  Talstation Seilbahn (Stadtbahnlinien U 1, U 14).

- **Wegverlauf:**
  Am Marienplatz gehen wir auf der Nordwestseite die Hohenstaufenstraße hinauf.

Hier stehen **sehenswerte Gebäude** aus der Zeit Ende des 19./Anfang des 20. Jahrhunderts, beispielsweise **Nummer 20** (1902, mit Bauplastik im Stil zwischen Spätgotik und Renaissance), **Nummer 23** und **21** (ein Bau aus Back- und Werksteinen von 1891), **Nummer 14** (ehemalige Remise und Pferdestall, 1894), **Nummer 12** (ein von den Architekten Eisenlohr und Weigle erbautes Mehrfamilienhaus, dessen Baustil von englischen und amerikanischen Stilrichtungen beeinflusst war; außerdem ist es mit Dekorationsmalereien im Renaissancestil und farbigen Treppenhausfenstern mit Blumenschmuck im Jugendstil geschmückt), **17 a** und **b** (Mietshäuser von 1904/05 in einer Stilmischung zwischen Barock und Jugendstil) und Haus **Nummer 15.**

Danach gehen wir die links abzweigende Willy-Reichert-Staffel hinauf, überqueren die Mörikestraße

Blick von der Karlshöhe über den Stuttgarter Süden zum Fernsehturm

und kommen zur Humboldtstraße. Hier halten wir uns rechts zu dem bereits sichtbaren Weinberg, biegen nach den Reben links ab und steigen hoch zur Gaststätte auf der Karlshöhe (siehe Seite 22). Wir gehen ganz hoch auf die höchste Terrasse und spazieren von hier aus weiter nach Westen. Am Zaun entlang kommt man zu einer Schranke, danach zu einer Straße. Hier wandern wir kurz nach rechts in dem Wäldchen weiter, biegen aber gleich darauf links ab. Nun geht es auf einem schlechter werdenden Weg, dann auf Stufen, hinab zur Wannenstraße. Wir halten uns links zum bereits sichtbaren Denkmal für den Dichter Johann Georg Fischer, vor dem Denkmal nach rechts zur Hasenbergsteige und dann nach links hinauf. Auch jetzt kommen wir an einigen sehenswerten alten Bürgerhäusern vorbei.

Beachten sollte man die Gebäude **Hasenbergsteige Nummer 27** (so genannter Schweizerhausstil, 1878), **Nummern 24, 26, 31** (eine 1900 von den Architekten Eisenlohr und Weigel in einer Stilmischung zwischen Renaissance und Barock erbaute Villa), **28, 33,**

35 und 37 (1908, vom spätviktorianischen Villenstil beeinflusst), **43** und **45** (1903 mit Schmuckformen der Renaissance und des Jugendstils sowie des Schweizerhausstils).

Baumfreunde gehen nach Haus 45 links kurz hoch zum Ende der Sackgasse bei **Haus 49,** wo eine mächtige Eiche steht. Die Gebäude **Nummer 47** und **49** wurden 1910 in geometrischen Jugendstilformen erbaut. Rechts der Straße befindet sich eine kleine Aussichtsplattform, von der aus man prächtige Blicke hinab in den Westen und zur Elisabethenkirche hat.

Danach folgt das Anwesen **Nummer 51,** ein 1872 bis 1874 erbautes Wasserwerk, dessen Gebäude im Schweizerhausstil errichtet wurde. Es ist das älteste weitgehend noch original erhaltene Wasserwerk in Stuttgart.

Die Seilbahn – ein Kulturdenkmal ersten Ranges

Kurz danach zweigt der »Blaue Weg« links ab. Kurze Zeit später hören die Häuser auf und wir wandern zwischen den Weinbergmauern (rechts) und den teilweise verwilderten Gärten und Weinbergen weiter. Die Zäune sind oft von Efeu, Brombeeren und Weinreben überwuchert. Zeitweise bietet sich ein schöner Blick hinab nach Heslach.

Schließlich hören die Gärten auf und der Weg zieht etwas nach rechts hinauf. Danach gehen wir geradeaus und eben weiter bis zu einer Verzweigung. Hier wandern wir links ein Stück hinab; vor uns sehen wir auch das Zeichen blauer Balken. Ein paar Meter weiter – im Wald steht ein kleiner Stein mit der Zahl »28« – halten wir uns an einer Verzweigung links und marschieren abwärts. Gleich darauf folgt eine scharfe Linkskurve, nach der wir die Bahnlinie überqueren. Nun wandern wir auf einem vorübergehend schlechter werdenden Weg an einer langen Felswand entlang, bis wir vor uns ein Gartenhaus sehen. Hier beschreibt unser Weg eine scharfe Rechtskurve. Es geht weiter bergab, dann knickt der Weg nach links ab. Wir gehen an einem Spielplatz entlang, nehmen an der Verzweigung den rechten Weg und halten uns danach an dem Verkehrszeichen weiter geradeaus. Wir spazieren nun durch die Straße In der Ziegelreute, an der Gärtnerei vorbei, bis zur Straße Baumreute. Hier biegen wir nach rechts ab und kommen hinab zum Südheimer Platz.

Einen Linienverkehr mit der Zahnradbahn findet man in keiner anderen deutschen Großstadt.

Gegenüber sehen wir eine bemerkenswerte Reihe alter Häuser. Diese so genannte **Siedlung Südheim** wurde 1901 bis 1903 auf Initiative des »Vereins für das Wohl der arbeitenden Klassen« erbaut. (Auch die Siedlung Ostheim geht auf diesen Verein zurück.) Es handelt sich um unverputzte Ziegelhäuser in einer Stilmischung zwischen Historismus und Jugendstil. Beachten sollte man auch die Schmuckformen an den Dachausbauten.

Wer will, steigt hier in die Stadtbahn ein und fährt zurück. Wer die Wanderung fortsetzen will, hält sich rechts und marschiert in wenigen Minuten zur Talstation der Seilbahn, die auf der linken Straßenseite liegt. Mit der Seilbahn fahren wir hinauf zum Waldfriedhof.

Schon 1913 wurde über eine Straßen- oder Seilbahn zum Waldfriedhof diskutiert. Nur der Ausbruch des Ersten Weltkriegs 1914 machte den hochtrabenden Plänen ein Ende. Anfang der zwanziger Jahre dann kam die Inflation, und es war wieder kein Geld da. Erst als sich die Straße für die 1927 eingesetzten Busse als zu gefährlich erwies, kam man wieder auf die alten Pläne zurück. 1929 wurde dann die **Seilbahn**, wegen ihres Fahrtziels Waldfriedhof auch »Erbschleicherexpress« genannt, nach nur siebenmonatiger Bauzeit eingeweiht. Dafür verfügte sie über Stuttgarts ersten Fahrscheinautomaten, war die erste Seilbahn in Deutschland mit automatischer Steuerung und die schnellste ihrer Art. Allerdings musste damals der Motor schon nach wenigen Stunden Betrieb durch einen neuen ersetzt werden. Ihren Spitzentag hatte sie wohl am 23. November 1930, dem Totensonntag, als sich 6671 Fahrgäste in den Wagen drängten. Es ging wohl so eng und hektisch zu, dass außer abgerissenen Knöpfen auch eine in Ohnmacht gefallene Frau zu beklagen war. Und als 1931 ein Stuttgarter Wirt begraben werden sollte, konnte sie erst fahren, als fünf wohl zu dicke Passagiere den Wagen wieder verlassen hatten.

Die als Kulturdenkmal geschützte Bahn besitzt schlichte Stationen, die weitgehend im Originalzustand erhalten sind. Sie wurde im Jahr 2004 überholt und sicherheitstechnisch auf den neuesten Stand gebracht. Seither ruckelt sie beim Einfahren in die Talstation auch nicht mehr. Ein 35 Millimeter starkes Seil hält die Wagen und ein Gegenseil sorgt für die Spannung. Früher wurden in ihr Trauergesellschaften samt Kränzen und Sarg hinaufbefördert, heute fährt sie im Zwanzig-Minuten-Takt auch Wanderer nach oben. Die Strecke ist 536 Meter lang und besitzt eine Steigung von 28 Prozent. Die Fahrzeit beträgt drei Minuten. Für technisch interessierte Fahrgäste wurden an der Bergstation ein »Guckloch« und eine gläserne Seitenwand angebracht, damit sie den Antrieb beobachten können.

Wir steigen an der Bergstation aus und spazieren bis zum Eingang des Waldfriedhofs. Nach einem Besuch gehen wir links weiter über den Parkplatz.

Der **Waldfriedhof** wurde 1913/14 angelegt und besitzt eine Versammlungshalle im Stil des Neoklassizismus mit barocken Motiven. Nach kriegsbedingten Schäden wurde er neu gestaltet. Beteiligt waren der Architekt Paul Bonatz und Künstler wie J. Zeitler, M. Natter und F. von Graevenitz. Am Eingang hängt ein Plan, aus dem die Gräber der hier bestatteten berühmten Persönlichkeiten ersichtlich sind. Genannt werden sollen nur der Ar-

chitekt Paul Bonatz, Robert Bosch, der erste Bundespräsident Theodor Heuss, der langjährige Nachkriegsoberbürgermeister Arnulf Klett und die Künstler Adolf Hölzel, Oskar Schlemmer und Ida Kerkovius.

Anschließend spazieren wir auf der Eugen-Dolmetsch-Straße nach Osten. Wo der rechts liegende Teil des Friedhofs endet, nehmen wir an der Verzweigung die rechte Straße und kommen zur querenden Karl-Kloß-Straße.

Auf ihrer anderen Seite wandern wir parallel zur Straße nach links. Kurz danach sehen wir rechts den Dornhaldenfriedhof. Wir spazieren auf seiner Nordseite entlang und gehen an den beiden Häusern rechts vorbei.

Das Backsteinhaus Auf der Dornhalde 1a ist das 1893 erbaute ehemalige **Garnisonsschützenhaus**, das im damals beliebten Schweizerhausstil mit aufwändigen Holzschnitzereien als unverputzter Ziegelbau mit dekorativem Fachwerk errichtet wurde.

Danach zieht der Dornhaldenweg nach rechts. Kurz darauf sehen wir rechts einen kleinen Tümpel; ein paar Minuten später kommen wir zu einer Verzweigung. Zuerst gehen wir zwischen zwei Verkehrsinseln rechts und links des Waldwegs hindurch; an der Querstraße danach nehmen wir den Weg, der in unserer Gehrichtung geradeaus eben weiterführt.

Bei den ersten Häusern von Degerloch führt die Leonorenstraße weiter. Kurz darauf sehen wir links eine kleine Grünfläche. Jetzt und auf der anschließenden Strecke haben wir einen schönen Blick auf Heslach. Ein paar Minuten später nehmen wir den Weg, der mit dem Schild »Zu Leonorenstraße 11 und 13A« nach rechts abzweigt.

Nach der querenden Rienzistraße führt geradeaus die Figarostraße weiter, wir nehmen aber die links davon verlaufende Fideliostraße, die als Fußweg beginnt. Sie bringt uns zur Alten Weinsteige, auf deren anderer Seite sich eine Aussichtsterrasse befindet.

Nun haben wir verschiedene Möglichkeiten. Nach rechts kommt man in wenigen Minuten zur Oberen Weinsteige und zur Stadtbahnhaltestelle Weinsteige. Hier kann man in die Stadtbahnlinien U 5, U 6 oder U 8 einsteigen.

Nach links kommen wir zur Haltestelle Haigst und können mit der Zahnradbahn zum Marienplatz zurückfahren.

Die auch »Zacke« genannte **Zahnradbahn** ist die einzige, die heute noch in einer deutschen Großstadt im Linienverkehr unterwegs ist. Die bis zu 18 Prozent steile und 2,2 Kilometer lange Strecke zwischen dem Marienplatz und Degerloch wurde am 23. August 1884 eröffnet. Der Höhenunterschied beträgt 205 Meter, der mit einer Geschwindigkeit von dreißig Stundenkilometern überwunden wird. Das Ziel war, die Filder besser mit der Residenzstadt zu verbinden.

Vorbild war die Schweizer Rigibahn am Vierwaldstätter See, die 1871 eröffnet wurde.

Wenn man nicht zu müde ist, kann man aber auch den Schienen der Zahnradbahn bergab folgen. In rund zwanzig Minuten marschiert man zurück nach Heslach, hat dabei immer wieder eine schöne Aussicht und sieht prächtige alte Häuser. Nach dem querenden Pfaffenweg verlaufen die Schienen kurzfristig anders als die Alte Weinsteige, treffen aber wieder darauf.

Gebäude **Nummer 100** und die **Häuser 94, 96** und **98** wurden als Wohn- und Geschäftshäuser 1906 bis 1911 erbaut. Sie weisen Formen des Jugendstils und des Historismus auf und sind teilweise anspruchsvoll verziert. Die Gebäude **Nummer 56** und **58** wurden als Doppelmietshaus in einer Stilmischung von Klassizismus, Jugendstil, Expressionismus und süddeutschem Neoklassizismus 1910 erbaut. **Haus 54** stammt von 1909 und besitzt Sandsteinelemente in einer Stilmischung von Barock bis Klassizismus.

Bei Gebäude **Nummer 26,** einem 1876 im Stil der französischen Renaissance mit reich geschmückten Fenstereinfassungen erbauten Haus, steht die 1871 nach dem siegreichen Frankreichfeldzug und der Reichsgründung gepflanzte **Friedenslinde.** Etwas weiter unten sieht man weitere beachtenswerte Häuser, zum Beispiel Nummer **10, 12, 14** und **16,** die zwischen 1910 und 1914 in einer Stilrichtung zwischen Barock und Klassizismus errichtet wurden.

Nach der Liststraße gehen wir auf der Liststaffel hinab zum Marienplatz.

Auch in der Liststraße sollte man auf die Häuser achten. **Nummer 2** stammt von den Jugendstilarchitekten Emil und Paul Kärn (1902/03), **Nummer 4, 5, 7** und **9** wurden in den Jahren 1903/04 in Formen der Spätgotik, Renaissance und des Barock und unter Einfluss des hochviktorianischen Wohnbaus errichtet.

- **Länge:**

  Marienplatz – Seilbahn: etwa 4 Kilometer.

  Waldfriedhof – Haigst: etwa 3 Kilometer.

  Haigst – Marienplatz: etwa 1,3 Kilometer.

- **Zeit:**

  Marienplatz – Seilbahn: etwa 1¼ Stunden.

  Waldfriedhof – Haigst: etwa 45 Minuten.

  Haigst – Marienplatz: etwa 20 Minuten.

- **Höhenunterschied:**

  Marienplatz – Seilbahn: etwa 190 Meter.

  Waldfriedhof – Haigst: etwa 70 Meter.

- **Literatur:**

  Faltblatt »Der Heslacher Blaustrümpflerweg«.

Teil 3

Raus ins Grüne – Spaziergänge und Wanderungen rund um Stuttgart

Durch den Esslinger Spitalwald zum Katzenbacher Hof

Vaihingen – Bernhartshöhe – Katzenbacher Hof – Büsnauer Wiesental – Universität

Der Name Esslinger Spitalwald wird wohl nicht allen Lesern etwas sagen, er weist aber darauf hin, dass die Reichsstadt Esslingen früher hier Besitz hatte und damit die württembergischen Herrscher in ihrer Residenz Stuttgart »in die Zange« nehmen konnte. Der Katzenbacher Hof wird vielen schon eher ein Begriff sein, ist er doch eines der beliebtesten Ausflugsziele in den weiten Waldgebieten im Westen von Stuttgart. Wir wandern durch schönen Wald, später durch das idyllische Büsnauer Wiesental.

- **Ausgangspunkt:**
  Bahnhof Vaihingen (S-Bahn-Linien S 1, S 2, S 3, Stadtbahnlinien U 6, U 8, Buslinien 81, 82, 826).

- **Endpunkt:**
  Haltestelle Universität (S-Bahn-Linien S 1, S 2, S 3, Buslinien 82, 84, 92, 746, 747, 748).

- **Wegverlauf:**
  Vom Vaihinger Bahnhof aus spazieren wir durch die Vollmoellerstraße nach Westen. Wer will, macht nach rechts einen Abstecher in den sehenswerten Stadtpark, den die Vaihinger der Brauereibesitzersgattin Fanny Leicht zu verdanken haben.

Der **Vaihinger Stadtpark**, früher Bürgergarten, wurde 1933 bis 1935 auf dem Gelände eines ehemaligen privaten Parks, der mit Mitteln eines von der Ehrenbürgerin Fanny Leicht gestifteten Wohlfahrtsfonds angekauft wurde, und städtischer Flächen nach den Plänen des Gartenarchitekten C. W. Siegloch angelegt. Nachdem er 1942 im Krieg stark zerstört wurde, hat man ihn anschließend zum Anbau von Gemüse genutzt und 1949 in einfacher Form wieder hergestellt. Im Park findet man einen Mutter-und-Kind-Brunnen. Er wurde 1935 von Vinzenz Schapfl errichtet und 1957 nach kriegsbedingten Schäden erneut.

Hinter der quer verlaufenden Robert-Koch-Straße liegt rechts das 2004 neu erbaute Vaihinger Zentrum. Danach kommen wir bald zum idyllischen Feuersee mit seinem prächtigen alten Baumbestand. Wer Glück hat, sieht hier sogar einen Graureiher. Der See diente früher der Brauerei Widmaier zur winterlichen Eisgewinnung. Es wurde in tiefen Kellern eingelagert, um im Sommer das Bier kühlen zu können.

Bevor wir die Krehlstraße überqueren, sehen wir einen Kiosk. Links davon lag früher die Endstation der Straßenbahn, die von oben von der Krehlstraße kam und am Feuersee entlang in Richtung Bahnhof fuhr. Wir spazieren nach der Krehlstraße etwas nach rechts versetzt in der Rosentalstraße weiter und am Hallenbad, dann am Freibad vorbei.

Bei seiner Einweihung 1926 wurde das **Freibad** als größtes Bad Württembergs gefeiert. 1932 gab es sogar eine Rutschbahn ins Wasser! Zum Freibad gehörten auch zwei Paddelbootseen; 1942 kostete eine halbstündige Fahrt mit dem Paddelboot zwanzig Pfennig. Auf der Fläche eines der Seen wurde später das Hallenbad errichtet.

Danach geht es in die Wiesen des Rosentals. Etwas später unterqueren wir die Panzerstraße und

Trauerweide im Vaihinger Feuersee

gehen gleich danach rechts hinauf bis zur querenden Gründgensstraße. Hier halten wir uns links und marschieren bis zur Pascalstraße, gehen nach rechts, überqueren die Autobahn und biegen gleich danach links ab. Danach halten wir uns rechts und gehen geradeaus in den Wald. Wer aber noch Stuttgarts höchsten Punkt besuchen will, spaziert ein Stück an der Autobahn entlang, bis er nach rechts zur 549 Meter hohen Bernhartshöhe verwiesen wird. Sie ist kein natürlicher Berg, sondern wurde künstlich aufgeschüttet. Der höchste natürliche und früher überhaupt höchste Punkt Stuttgarts liegt nicht weit von hier entfernt auf der Rohrer Höhe am Wasserbehälter, der sich auf einer Höhe von 518 Meter befindet.

Nun führt unser Weg wie oben beschrieben am neuen Vaihinger Friedhof vorbei in den Wald (Sallenwaldweg). An der Verzweigung nach einer Schutzhütte gehen wir mit dem Wanderzeichen roter Punkt in Richtung »Katzenbacher Hof« geradeaus weiter, vorerst leicht ansteigend. Schließlich erreicht man das Gelände des beliebten Ausflugsziels. An schönen Tagen sind die Besucher schon von weitem zu hören. Vor dem Hof zieht der Weg leicht nach rechts.

Der Katzenbacher Wald gehörte – wie auch Vaihingen selbst – seit 1297 dem Katharinenspital der Reichsstadt Esslingen, das damals das Dorf von den verarmten Pfalzgrafen von Tübingen kaufte. Den Katzenbacher Wald (silvam dictam Kazenbach) erwarb das Spital um 110 Pfund Heller von Ritter Konrad von Bernhausen. Das Gebäude des **Katzenbacher Hofs** wurde 1896 als Forsthaus mit Werkstatt und Pferdestall anstelle eines alten Forst- und Viehhauses erbaut. Es ist

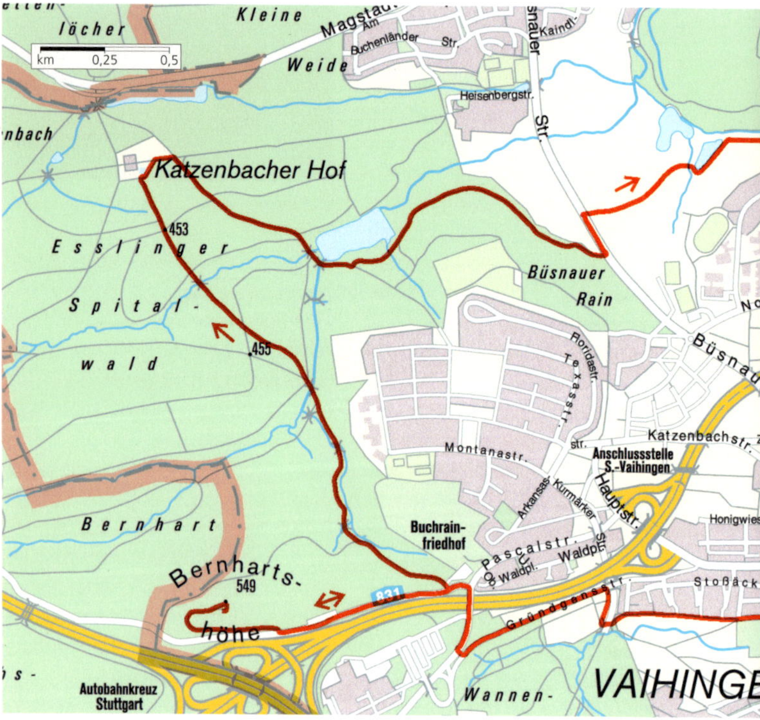

heute ein beliebtes Ausflugsziel mit Bewirtschaftung. Der Katzenbach selbst ist ein Zulauf zur Glems.

An den Gebäuden rechts vorbei kommt man zu einem Parkplatz. An dessen Ende biegen wir an der Wendefläche mit dem inselförmig in der Mitte stehenden Baum scharf nach rechts ab. Der Weg zieht leicht nach links und bald erreichen wir den ruhigeren, mitten im dichten Wald gelegenen Katzenbachsee. Wir spazieren an seiner Südseite entlang und biegen nach dem Gewässer links in den Büsnauer-Rain-Weg ein. Leicht nach rechts ziehend bringt

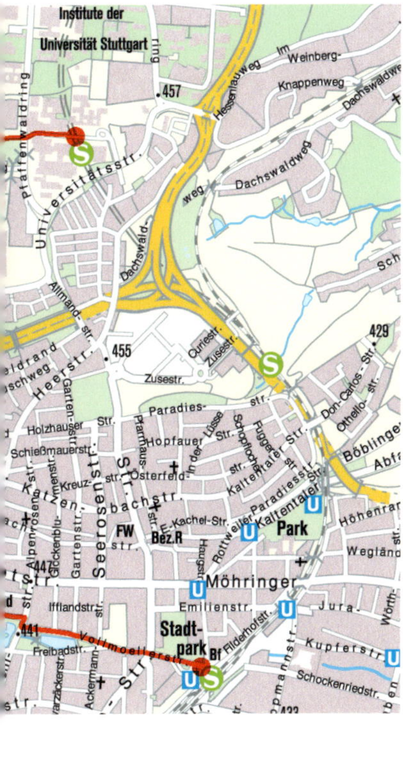

Auch Graureiher fühlen sich am Ufer des Feuersees wohl.

uns der Weg aus dem Wald und zur Büsnauer Straße. Hier halten wir uns kurz links, biegen aber bei nächster Gelegenheit nach rechts ab in die Wiesen des Büsnauer Tales.

Das reich strukturierte **Büsnauer Wiesental** mit seinem kleinräumigen Mosaik von Wiesen, Gebüsch, Hecken, Kopfweiden, Wegrainen, Bach, Seggenried, Röhricht, Bachgehölzen und Tümpeln wurde 1989 unter Naturschutz gestellt. Hier gibt es Feuchtwiesen mit charakteristischen Pflanzen wie Schlangenknöterich, Mädesüß und Schwarzer Teufelskralle – und sogar

Ein beliebtes Ausflugsziel: der Katzenbacher Hof

die gefährdeten Trollblumen wachsen hier! Insgesamt findet man über 300 Pflanzenarten. Auch die Tierwelt ist reichhaltig. So wurden über 150 Vogelarten gezählt, darunter Goldammer, Feldschwirl und viele Zugvögel. Sein letztes Vorkommen in Stuttgart hat hier der Laubfrosch, und wer an lauen Sommerabenden spazieren geht, wird bemerken, dass Fledermäuse lautlos schwärmen. In der Senke des Tales befindet sich ein Kaltluftloch, in dem in klaren Sommernächten die stärkste Abkühlung des Stuttgarter Stadtgebietes zu verzeichnen ist. Früher stand an dieser Stelle die Staatsdomäne Büsnauer Hof, deren Gelände als Pferde- und Schafweiden und Acker genutzt wurden.

Beim Querweg biegen wir nach rechts ab und spazieren an der Südostseite des kleineren von zwei Rückhaltebecken entlang. Nun geht es hoch zu den Gebäuden der Universität. Oben überqueren wir den Pfaffenwaldring und gehen immer geradeaus in wenigen Minuten bis zur Haltestelle Universität.

- **Länge:**
  Etwa 10 Kilometer.

- **Zeit:**
  Etwa 2 ½ Stunden.

- **Höhenunterschied:**
  Etwa 170 Meter.

- **Literatur:**
  Bezirksstelle für Naturschutz und Landschaftspflege Stuttgart: Faltblatt Naturschutzgebiet Büsnauer Wiesental.

Von Botnang über den Monte Scherbelino nach Feuerbach

Botnang – Birkenkopf (Monte Scherbelino) – Rot- und Schwarzwildpark – Feuerbach

Höhepunkt dieser Tour, im wahrsten Sinne des Wortes, ist der Birkenkopf oder Monte Scherbelino, der eine prächtige Aussicht bietet. Ansonsten wandern wir meist durch schöne Waldgebiete beziehungsweise zum Schluss durch Feuerbach.

Der Trümmerberg Birkenkopf zeugt von der kriegszerstörten Stadt.

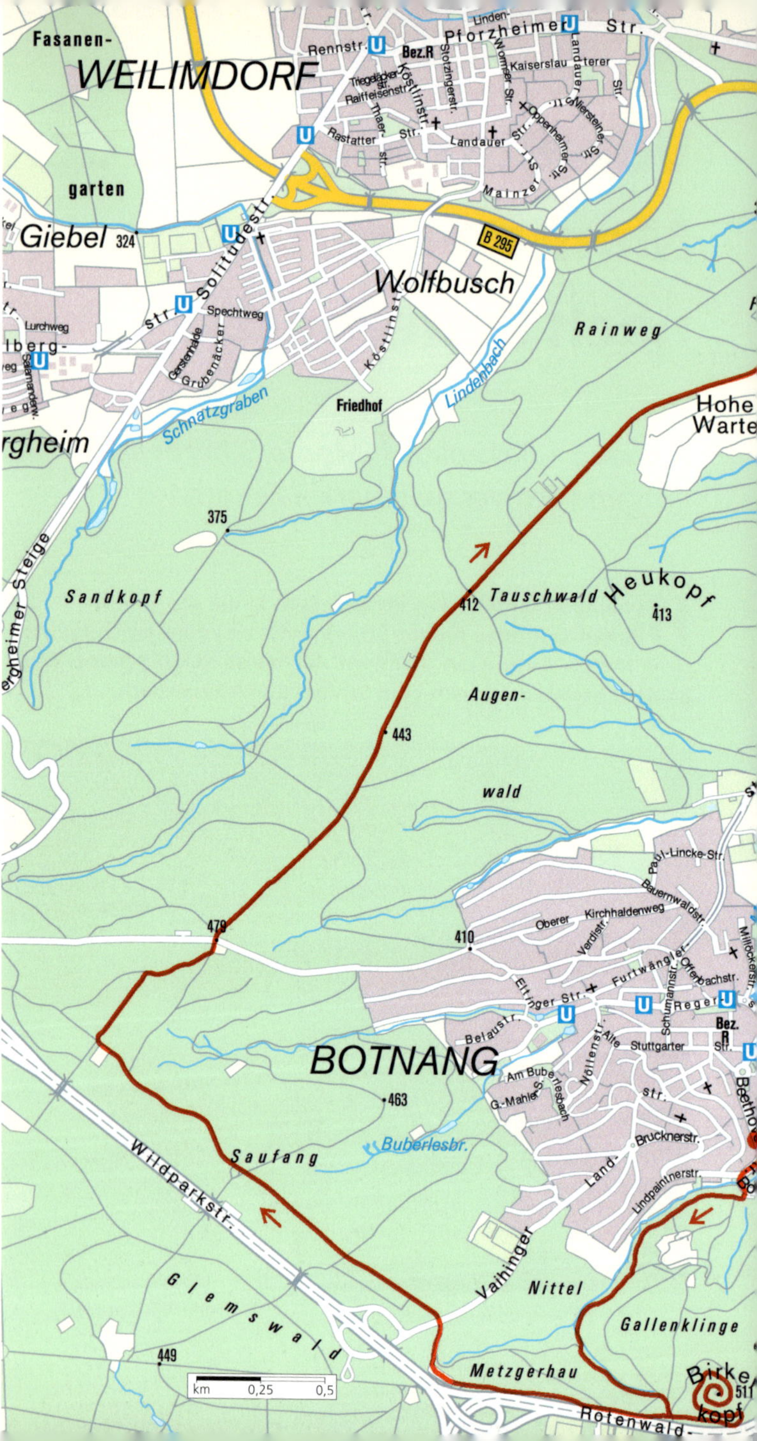

Fasanen-
WEILIMDORF
garten
Giebel
324
Pforzheimer Str.
Rennstr.
Bez.R
Kaiserslauterer Str.
Rastatter Str.
Landauer Str.
Mainzer
B 295
Solitudestr.
Wolfbusch
Spechtweg
Lurchweg
Köstlinstr.
Friedhof
Lindenbach
Schnatzgraben
Rainweg
Hohe Warte
375
Sandkopf
412
Tauschwald
Heukopf
413
Augen-
wald
443
479
410
Oberer Kirchhaldenweg
Paul-Lincke-Str.
Bauernwaldstr.
Furtwängler
Offenbachstr.
Eltinger Str.
Regerstr.
Belaustr.
Bez. R
Alte Stuttgarter Str.
BOTNANG
Am Buberlesbach
G.-Mahler-Str.
463
Buberlesbr.
Saufang
Brucknerstr.
Lindpaintnerstr.
Landstr.
Wildparkstr.
Vaihinger
Nittel
Gallenklinge
Glemswald
449
Metzgerhau
Rotenwald-
Birkenkopf
511
km 0,25 0,5

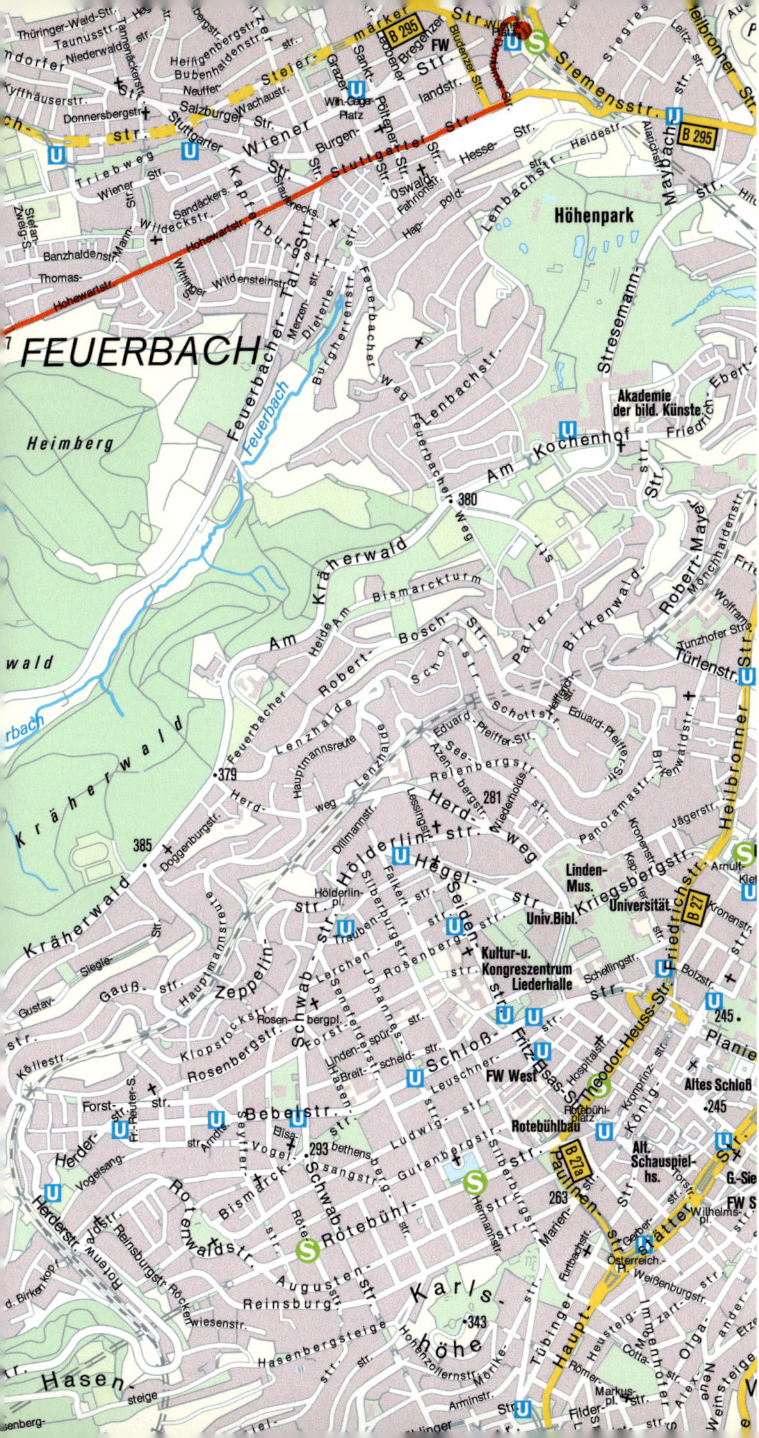

FEUERBACH
Höhenpark
Heimberg
Kräherwald
Akademie der bild. Künste
Am Kochenhof
Feuerbacher Weg
Feuerbacher-Tal-Str.
Siemensstr.
Stuttgarter Str.
Wiener Str.
Heilbronner Str.
Friedrichstr.
Linden-Mus.
Universität
Univ.Bibl.
Kultur-u. Kongreszentrum Liederhalle
FW West
Rotebühlbau
Altes Schloß
Alt. Schauspiel-hs.
Karlshöhe
Hasensteige
Rotebühl-str.
Theodor-Heuss-Str.
Paulinenstr.
Hauptstätter Str.
Tübinger Str.
Kriegsbergstr.
Robert-Mayer-Str.
Birkenwaldstr.
Herdweg
Hölderlinstr.
Schloßstr.
Schwabstr.
Bismarckstr.
Reinsburgstr.
Augustenstr.
Rotenwaldstr.
B 295
B 27
B 27a
380
379
385
281
293
263
245
343

Ausgangspunkt:
Botnang, Haltestelle Lindpaintnerstraße (Stadtbahnlinien U 4, U 9).

Endpunkt:
Feuerbach Bahnhof (S-Bahn-Linien S 4, S 5, S 6, Stadtbahnlinien U 6, U 13, Buslinien 91, 401, 501, 502, 591).

Wegverlauf:
Von der Haltestelle aus gehen wir auf die andere Straßenseite und folgen dieser in Richtung Stuttgart. Wo die Lindpaintnerstraße nach rechts wegführt, nehmen wir den schmalen Weg, der uns in den Wald und zur Gasdruckanlage der EnBW bringt. Dahinter biegen wir nach rechts ab und wandern auf dem Metzgerbachweg neben dem gleichnamigen Bach. Nach einem aufgestauten Tümpel treffen wir auf einen querenden Weg, dem wir nach links folgen, und wandern nun immer rechts des Baches aufwärts.

Hübsche Baudetails beweisen die architektonische Qualität Stuttgarts vor dem Krieg.

Nach einiger Zeit überqueren wir den mit dem roten Kreuz markierten Wanderweg, gehen etwas geradeaus weiter und treffen kurz vor der Rotenwaldstraße auf den mit dem blauen Punkt markierten Wetzelweg. Auf diesem spazieren wir jetzt kurz nach links, dann geht es hinauf zum Birkenkopf (siehe Seite 54).

Danach kehren wir zurück, wandern auf dem Wetzelweg nach Westen, überqueren einen Parkplatz und halten uns an seinem Ende rechts. Kurz darauf gehen wir bei einer Bushaltestelle über die Vaihinger Landstraße. Dahinter kommt man erst auf dem Saufangweg, dann auf dem Jägerweg weiter durch das Naturschutzgebiet Rot- und Schwarzwildpark.

Wir wandern an einem Schwarzwildgehege mit einem historischen Futterhäuschen vorbei; schließlich liegt links des Weges eine Lichtung mit einem Grillhäuschen. Danach biegen wir rechts ab in die Tannen-

Blick vom »Monte Scherbelino« auf den Stuttgarter Talkessel

gärtlesallee. Sie trifft kurz darauf auf die Pfaffenhäulesallee, der wir nach rechts folgen.

Wir kommen zu einem Forsthaus und danach zur Straße. Hinter dieser beginnt die Steinstraße, der wir nun immer geradeaus folgen. Vorbei an der Stroheiche (siehe Seite 68) kommen wir zum Ortsanfang von Feuerbach, wo wir rechts einen alten gusseisernen Brunnen sehen. Nun geht es auf der Hohewartstraße bergab in den Feuerbacher Ortskern. Nach der Schule sehen wir links eine alte Grubbank (siehe Seite 62). Sie diente zum Abstellen der Lasten, die zur Solitude transportiert wurden.

Immer geradeaus spazieren wir schließlich auf der Stuttgarter Straße weiter, bis die Dornbirner Straße nach links abgeht. Links steht die neubarocke Kirche Sankt Mariä Himmelfahrt. Wir kommen zum Wiener Platz, wo wir die Haltestellen der Stadtbahn finden. Die S-Bahn fährt im Bahnhof ab.

- **Länge:**
  Etwa 13 Kilometer.

- **Höhenunterschied:**
  Etwa 250 Meter.

- **Zeit:**
  Etwa 3 ½ Stunden.

Durchs Körschtal zum Hohenheimer Schlosspark

Möhringen – Körschtal – Plieningen – Hohenheim

Zwischen Möhringen und Plieningen verläuft mit dem Körschtal eines der schönsten Täler der Stadt. Es ist ein zum Teil naturbelassenes Tal, das auch durch das Naturschutzgebiet Weidach- und Zettachwald führt. In Plieningen können wir uns den historischen Stadtkern ansehen. Zum Abschluss der Tour besuchen wir Hohenheim, wo wir im herrlichen Park noch spazieren gehen oder das Deutsche Landwirtschaftsmuseum besuchen können.

- **Ausgangspunkt:**
  Möhringen, Haltestelle Rohrer Weg (Stadtbahnlinie U 5).

- **Rückfahrt:**
  Hohenheim, Haltestelle Garbe (Stadtbahnlinie U 3, Buslinie 65).

- **Wegverlauf:**
  Von der Haltestelle aus gehen wir nach Osten in Richtung Möhringen. Links des Weges liegen die Streuobstwiesen Rohrer Weg.

Das Gelände der Streuobstwiesen **Rohrer Weg** ist rund zehn Hektar groß. Besonders beeindrucken die großen Mostobstbäume. Das Gebiet war lange von der Überbauung bedroht, soll aber künftig unter Schutz gestellt werden.

Das Wort **Streuobstwiesen** ist heute in aller Munde. Man versteht darunter eigentlich eine ganz einfache Sache, von der früher kein großes Aufsehens gemacht wurde: Locker (verstreut) bepflanzte Wiesen mit Obstbäumen, die extensiv genutzt werden. Sie aber haben es in sich, denn sie sind ökologisch recht wertvoll. Ein großer Freund und Förderer des Obstbaumanbaus war übrigens Herzog Carl Eugen (1728–1793) und ein Pionier des Obstbaus und der Züchtung der Vater des Dichters Friedrich Schiller, Johann Caspar Schiller (1723–1796),

Die Streuobstwiesen am Rohrer Weg waren lange umkämpft.

der die Pomologie nicht nur wissenschaftlich erforschte und Leiter der Forst- und Obstbaumschule war, sondern auch Tausende – alleine in der Solitudeallee über 2000! – Obstbäume anpflanzen ließ. Nachdem die große Zeit der Streuobstwiesen in der ersten Hälfte des 20. Jahrhunderts vorbei war, kündigte sich um 1960 deren Ende an. Die extensiv bewirtschafteten Wiesen waren zu wenig ertragreich. Die Obstbäume sind aber nicht nur wegen ihrer Früchte wertvoll, sie bieten von der Wurzel bis zur Krone verschiedenen Tieren Lebensraum. So findet man hier auch seltene und gefährdete Tierarten wie Gartenrotschwanz, Halsbandschnäpper, Steinkauz, Wendehals, Mittel-, Klein- und Grünspecht. In den Höhlen älterer Bäume leben Baumbrüter und Baumhöhlenbewohner wie Spechte, Eulen, Siebenschläfer und Fledermäuse. Und in den Wiesen flattern viele Schmetterlingsarten. Zur Förderung der Streuobstwiesen wurde 1990 der Stuttgarter Apfelsaft »erfunden«.

Vor den Häusern halten wir uns in der Udamstraße links und gehen bis zur neuapostolischen Kirche. Nach der Überquerung der Körsch biegen wir rechts ab. Im Prinzip

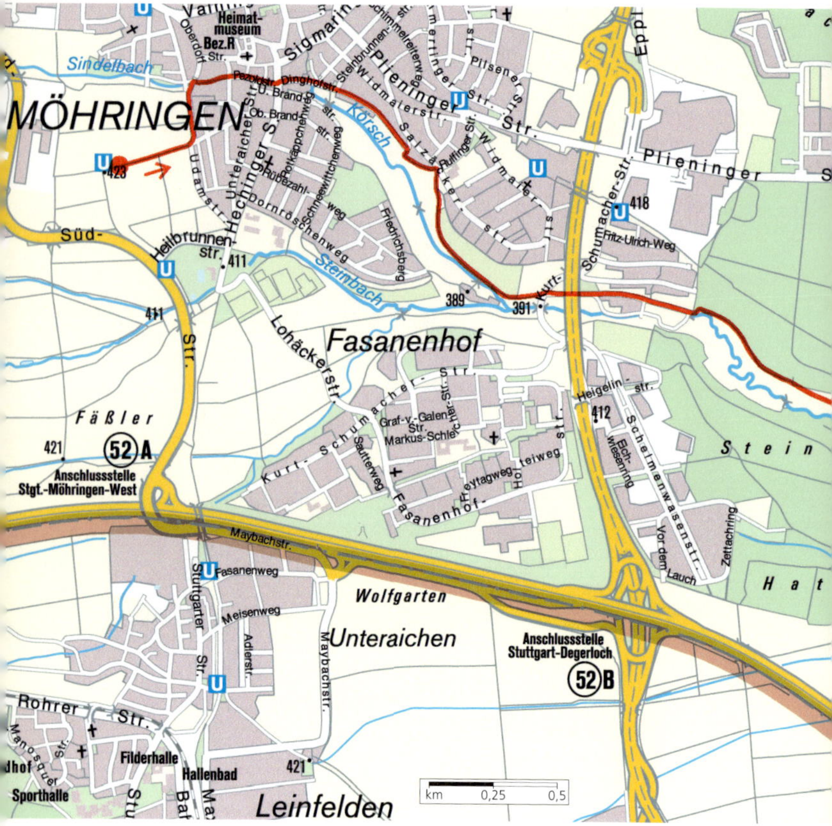

gehen wir ab jetzt bis Plieningen immer geradeaus. Wir kommen kurz darauf in die Pezoldstraße und nach der querenden Hechinger Straße in die Dingolfstraße, danach in die Straße Im Schießgärtle. Die Häuser hier haben immer größere Vorgärten, schließlich hört auch die Bebauung auf und wir sehen rechts hinab in das Körschtal. Schließlich beginnt die Straße Spitalrain (links stehen wieder Häuser); hier nehmen wir an der Verzweigung den sanft nach rechts bergab führenden Weg (nicht im rechten Winkel nach rechts abknicken). Im Tal der Körsch wandern wir nun zwischen Wiesen, Wald und Kleingärten weiter. Rechts sehen wir die Untere Körschmühle.

Die **Untere Körschmühle** stammt aus dem 13. Jahrhundert und wurde 1649 neu erbaut. Das Waschhaus stammt von 1805.

Wir überqueren die Kurt-Schumacher-Straße, gehen unter der B 27 durch und dahinter in der Straße Körschwiesen weiter. Nach dem Klärwerk Möhringen wandern wir durch das Naturschutzgebiet Weidach- und Zettachwald (siehe Seite 96).

Nach einiger Zeit führt uns der Weg rechts hinaus aus dem Wald. Es geht immer weiter nach Osten, später steigt der Weg auch an. Schließlich kommen wir hinein in die Wiesen des Körschtales. Wir spazieren am Heidfeldbrunnen vorbei, danach kommen wir in das Streuobstgebiet Raiteäcker-Köpfert.

Schließlich erreichen wir Plieningen und gehen durch die Fraubronnstraße bis zur quer verlaufenden Filderhauptstraße. Etwas nach rechts versetzt führt die Fraubronnstraße weiter. Wo wir an der Lupinenstraße, die quert, rechts einen Brunnen sehen, halten wir uns links und spazieren ein Stück abwärts. Kurz danach gehen wir in der Goezstraße nach rechts hinauf, auf die Kirche mit dem spitzen, bunten Dach zu.

Beachten sollte man die Häuser **Goezstraße 1** (Altes Rathaus, 1747 im Barock errichtet und im 19. Jahrhundert umgebaut), **Goezstraße 7** (ein Wohnstallhaus von etwa 1800 mit einem Obergeschoss in Sichtfachwerk) und **Goezstraße 10** (Wohn- und Geschäftshaus, das im Kern aus dem 18. Jahrhundert stammt und im 19. Jahrhundert umgebaut wurde; Fachwerkobergeschoss). **Goezstraße 15** wurde in der ersten Hälfte des 19. Jahrhunderts erbaut und besitzt Sichtfachwerk. **Nummer 20** ist ein Bauernhaus aus dem 18. Jahrhundert mit einem barocken Eingangstürblatt, **Nummer 22** ein Weberhaus, im Kern aus dem 15./16. Jahrhundert. **Nummer 30** ist ein Wohnstallhaus aus dem 18. Jahrhundert, **Nummer 35** ein verputztes Fachwerkhaus mit klassizistischem Zwerchgiebel und Brunnensäule.

Oben treffen wir auf die Scharnhauser Straße. Hier folgen wir der Goezstraße nach rechts noch etwas hinauf, dann halten wir uns links zur Plieninger Kirche.

Das 1139 erstmals erwähnte **Plieningen** war einst ein reiches Bauerndorf und erhielt bereits 1728 Marktrechte. Die zu Plieningen gehörende Obere Körschmühle wurde 1264 zum ersten Mal genannt und ist der älteste Gewerbebetrieb in Stuttgart. Im Städtekrieg und im Dreißigjährigen Krieg wurde der Ort völlig niedergebrannt. Bis ins 19. Jahrhundert galt Plieningen als der eigentliche Hauptort der Fildern, dann wurde es von Vaihingen, das Anschluss an die Gäubahn erhielt, überholt. Am 1. April 1942 wurde Plieningen nach Stuttgart eingemeindet.

Die romanische **Martinskirche,** das **Pfarrhaus,** der von Linden bewachsene **Mönchshof,** die **Zehntscheuer** und das **Rathaus** aus der Mitte des 18. Jahrhunderts bilden zusammen mit den anderen umgebenden Häusern ein reizvolles Ensemble. Die **Kirche** ist im Kern ein romanischer Saalbau mit Westturm und gotischem Ostturm von 1517. Sie besitzt ein Schiff aus dem 12. Jahrhundert, ein Netzgewölbe mit figurierten Schlusssteinen und Konsolen und steht an einem Platz, der vielleicht bereits eine heidnische Kultstätte war. Am Dachgesims sieht man ein Figurenrelief mit zwölf Figuren; es ist das älteste romanische Relief im Raum Stuttgart. Der Turm besitzt ein Dach aus bunt glasierten Ziegeln und stammt aus späteren Zeiten; der Chor ist wohl von 1517. Innen sieht man ein Kruzifix von 1517; der Rest der Inneneinrichtung wurde im 19. Jahrhundert geschaffen. Das ummauerte, barocke **Pfarrhaus** stammt aus dem 18. Jahrhundert und besitzt ein Fachwerkobergeschoss. Die **Zehntscheuer** mit dem Fachwerkgiebel wurde ebenfalls im 18. Jahrhundert erbaut.

Wir lassen dieses Ensemble auf uns wirken, dann spazieren wir auf der unterhalb der Kirche verlaufenden Ressestraße – Haus Nummer 2 ist das alte Schulhaus von etwa 1800 – bis zur Scharnhauser Straße und dort geradeaus bergab bis zur querenden Maurenstraße. Hier halten wir uns rechts bis zum Ende der Bebauung und biegen nach links in den Dietrich-von-Plieningen-Weg ein, der bald nach rechts abknickt.

Nun spazieren wir hoch in die weitläufigen Parkanlagen von Schloss Hohenheim. Da wir nun fast am Ende der Tour angelangt sind, können wir uns hier aufhalten, solange wir wollen. Auf jeden Fall sollten wir den vor uns liegenden Aussichtshügel besteigen. Seine Bebauung erinnert mit ihren Säulen etwas an einen griechischen Tempel. Von hier aus hat man einen schönen Blick auf den Park, auf Plieningen und die Umgebung.

Danach gehen wir hinab und vor bis zur nächsten Hausecke. Hier nehmen wir den nach rechts abgehenden Weg und spazieren am Zaun entlang bis zur Emil-Wolff-Straße. Bald erreichen wir die Mensa, wo nach links die Garbenstraße abgeht.

Wir spazieren aber erst nach rechts zum Schloss. Im Park sollten wir die vielen prächtigen exotischen Bäume betrachten, sie tragen Schilder mit ihren Namen. Außerdem erzählen Schilder des Historischen Rundwegs auch einiges über die Geschichte von Schloss und Park.

Die Plieninger Martinskirche gehört zu den bedeutendsten Kirchen der Filder.

Griechische Impressionen im Hohenheimer Schlosspark

Hohenheim wurde um 1100 anlässlich einer Schenkung eines Egilolf von Hohenheim an das Kloster Hirsau erstmals urkundlich erwähnt. Später erbauten die Ritter Bombaste von Hohenheim eine Wasserburg. Der Beiname Bombast für die Hohenheimer tauchte erstmals mit einem Ritter Konrad 1270 auf. Ihr berühmtester Spross war der in Einsiedeln geborene Arzt und Humanist Theophrast Bombast von Hohenheim, ab 1529 genannt Paracelsus (1493–1541). 1418 wurde erstmals eine Burg genannt. Sie brannte im 16. Jahrhundert ab. Nach mehrmaligem Besitzerwechsel fiel das Gut 1768 an Herzog Carl Eugen zurück. Er schenkte es 1772 seiner späteren (morganatischen) Frau Franziska von Leutrum. Der Herzog ließ 1785 bis 1791 **Schloss Hohenheim** (391 m) als Landsitz für sich und Franziska erbauen, um hier seine letzten Lebensjahre zu verbringen. Der Hauptbau wurde 1785 errichtet. 1818 wurde die Landwirtschaftliche Hochschule, die weltweit erste ihrer Art, gegründet.

Die rund dreißig Hektar großen **Hohenheimer Gärten** entstanden aus den im englischen Stil von Herzog Carl Eugen angelegten Parkanlagen des Hohenheimer Schlossgutes. Sie bestehen aus dem gut 17 Hektar großen Exotischen Garten (oder Landesarboretum) mit dem »Dörfle« von Herzog Carl Eugen und Franziska von Hohenheim, dem Schlosspark südlich des Schlosses und dem Botanischen Garten. Der Gedanke des Herzogs war, hier aus den Trümmern einer römischen Stadt ein Bauerndorf entstehen zu lassen. Deshalb wurden von 1777 bis 1793 rund hundert Gebäude – Tempel, Bäder, Gartenhäuser, Grotten et cetera – angelegt. Davon bestehen heute noch das Spielhaus (mit einem kleinen Museum zur Geschichte Hohenheims; Tel. 07 11/4 59-21 19), die Ruine eines römischen Tempels und das römische Wirtshaus. Im Alten Botanischen Garten hat man ab 1829 zahlreiche Baumarten aus aller Welt angepflanzt; vor allem die Herbstfärbung des Zuckerahorns ist ein unvergleichliches Schauspiel! Die Bäume wurden nach einem bestimmten Schema angepflanzt und gliedern den Park in verschiedene Räume. Heute zeigt der 1964 angelegte, zehn Hektar große Botanische Garten der Universität die Geschichte der Vegetation, vor allem der Nutzpflanzen, unserer Gegend. Man sieht große, alte Baum-Methusaleme und exotische Pflanzen. Insgesamt sollen es rund 2400 verschiedene Gehölzarten, davon rund

Schloss Hohenheim ist seit 1818 ein beliebter Studienort.

Im Landesarboretum beim Schloss Hohenheim wurden auf 17 Hektar Fläche mehr als 2400 verschiedene Baumarten angepflanzt.

400 Nadelgehölze, sein, allein im Exotischen Garten 240 Gattungen aus mehr als achtzig Pflanzenfamilien. Auch der Vater des Dichters Schiller war hier tätig und legte im 18. Jahrhundert eine Obstbauschule an. Aber auch andere Pflanzen wurden hier angebaut, und so schwärmte beispielsweise 1815 der Obstexperte Johann Volkmar Sickler von der Fragaria ananassa – also der Erdbeere: »Eine Erdbeere, die so groß ist wie ein Hühnerei. Gott im Himmel, welche Wohlthat für unsere Gaumen und Zungen!« Der Grund dafür war, dass vorher nur kleine Erdbeeren, ähnlich unseren Walderdbeeren, bekannt waren und die großen Früchte erst Anfang des 17. Jahrhunderts nach Europa kamen.

Anschließend spazieren wir in der Garbenstraße nach Westen. Links in der Parkanlage befindet sich das Spielhaus mit einer kleinen Ausstellung zur Geschichte Hohenheims. Vorbei am Deutschen Landwirtschaftsmuseum kommen wir zur querenden Filderhauptstraße.

Hat man Zeit, sollte man auf jeden Fall das **Deutsche Landwirtschaftsmuseum**, Garbenstraße 9, und die Außenstelle mit dem Schwerpunkt »Motorisierung«, Filderhauptstraße 179, besuchen.

Wir behalten unsere Richtung bei und kommen zur Stadtbahnstation.

- **Zeit:**
  Etwa 3 Stunden.

- **Länge:**
  Etwa 11 bis 12 Kilometer, je nachdem, wie ausgiebig man den Hohenheimer Park besichtigt.

- **Höhenunterschied:**
  Etwa 130 Meter.

- **Literatur:**
  Bezirksstelle für Naturschutz und Landschaftspflege Stuttgart: Faltblatt Naturschutzgebiet Weidach- und Zettachwald.

Aussichtstour oberhalb von Wangen

Geroksruhe – Staibhöhe – Schillerlinde – Wangen

Diese Wanderung besticht durch die Aussicht. Da sie vor allem bergab führt und uns an zwei Spielplätzen, einem Minigolfplatz sowie an einigen Gaststätten vorbeibringt, ist sie nicht nur eine gemütliche Halbtagestour, sondern auch für Kinder geeignet. Bereits die Anfahrt mit der Straßenbahn führt an einigen Aussichtspunkten vorbei: Es lohnt sich, am Eugensplatz und am Bubenbad entweder auszusteigen oder zumindest aus dem Fenster zu schauen. Am Eugensplatz findet man den prächtigen Galatea-Brunnen (siehe Seite 41), an der Haltestelle Bubenbad hat man am Albrecht-Goes-Platz einen Blick zur Innenstadt.

- **Ausgangspunkt:**
  Geroksruhe (Straßenbahnlinie U 15 oder P + R-Parkplatz).

- **Rückfahrt:**
  Wangen Marktplatz (Stadtbahnlinien U 9 und U 13).

- **Wegverlauf:**
  Zuerst gehen wir auf der östlichen Seite der Pischekstraße zur Aussichtsplattform Geroksruhe.

Die **Aussichtsplattform Geroksruhe** (417 m) ist nach Karl von Gerok (1815–1890) benannt. Er war Prälat und Oberhofprediger. Ihm widmete der Verschönerungsverein Stuttgart ein schönes Bronzerelief. Gerok klagte 1867 wie folgt – und man meint gerade, er hätte in die Zukunft sehen können: »Siehe vom Berge die Stadt, wie sie wachsend mit heiteren Straßen bald hin zum Rande des Tals grünendes Becken erfüllt! Ja, doch seh ich nicht mehr der Kindheit trauliche Pfade, wieder ein Stück Paradies find ich mir heute verbaut.« Eine Bronzetafel auf der Aussichtsplattform erklärt, was man sieht. Der Blick reicht über Gablenberg und Ostheim ins Neckartal und weiter nach Norden und Osten.

Markante Punkte sind beispielsweise der Königstuhl bei Heidelberg, der Katzenbuckel im Odenwald, die Heuchelberger Warte, der Stocksberg bei Löwenstein, der Juxkopf, der Eselsberg und Häfnerhaslach. Bei der Plattform befindet sich auch ein Spielplatz.

Nun nimmt man die in den Wald führende Straße Waldebene Ost. Gleich darauf an der Merzschule gehen wir auf dem nach links abzweigenden Fußweg (Zeichen des Stuttgarter Rundwanderwegs) weiter, der parallel der Straße verläuft. Kurz nach der Querstraße, an der ein Schild nach links »Zum Buchwald …« verweist, nehmen wir den nach links mit dem Wanderzeichen roter Punkt abzweigenden Weg zur »Staibhöhe« Wir kommen an einem schönen Spielplatz vorbei und danach zur Hangkante. Dort halten wir uns auf dem Buchrainsträßle rechts, bis wir eine Schranke erreichen. Wir werden nun mit dem Zeichen nach links verwiesen. Gleich darauf sind wir an der Aussichtsplattform Raichberg, die leider zugewachsen ist. Dafür kann man seine Muskeln an zahlreichen Trimmgeräten lockern. Dem Weg weiter folgend überqueren wir unterhalb des Funkturms ein Asphaltsträßchen und wandern zwischen Wald und Kleingärten weiter.

Etwas weiter werden wir nach links zur »Staibhöhe« verwiesen. Es geht auf einem Naturpfad steil hinab, dann treffen wir auf ein Kopfsteinpflastersträßchen. Nach weiterem Bergab kommen wir an einer scharfen Linkskurve zur Staibhöhe.

Von der Schillerlinde hat man einen schönen Blick ins Tal.

Die **Aussichtsplattform Staibhöhe** wurde 1926 vom Verschönerungsverein Stuttgart erbaut. Sie bietet einen weiten Blick ins Neckartal, zu den Industrieanlagen, zum Daimler-Stadion, zum gegenüberliegenden Kappelberg mit seinen Weinhängen und zur Kapelle auf dem Rotenberg.

Anschließend steigen wir auf dem Kopfsteinpflastersträßchen wieder an bis zu einem Querweg, an dem wir uns mit dem Zeichen rotes Hufeisen links halten. Ab nun haben wir immer wieder eine weite Aussicht, die der von der Staibhöhe entspricht. Nach wenigen Minuten kommen wir zur Schillerlinde.

Die Aussichtsplattform an der **Schillerlinde** wurde 1905 zum hundertsten Todesjahr des Dichters vom Verschönerungsverein Stuttgart erbaut. Der alte Baum wurde kunstvoll von Baumchirurgen »zusammenmontiert«. Leider ist er immer wieder Ziel von verantwortungslosen Zeitgenossen, die meinen, sie müssten alles beschädigen. Weil man ihn bereits aufgegeben hatte, wurde in der Nähe eine neue Linde gepflanzt, aber bisher hat sich der alte Baum immer wieder erholt.

Wir erreichen die Höhengaststätte Neckarblick, bei der wir uns mit Minigolf unterhalten können, und wandern rechts an der Gaststätte in einer schmalen Gasse

Gartenhäuschen mit Aussicht

weiter bis zu einem Querweg. Hier geht es rechts weiter, dann gleich nach links. Nun führt uns wieder das rote Hufeisen. Bald haben wir erneut Kopfsteinpflaster unter den Füßen, kommen an einer weiteren Gaststätte vorbei und gehen abwärts bis zu einer Verzweigung mit einer Bank. Hier orientieren wir uns rechts. Ein Stück weiter liegt rechts die Gaststätte Waldheim. Nach weiterem Bergab folgen wir an der scharfen Linkskurve der Straße, die uns hinunter nach Wangen führt.

Links liegen der Friedhof und die neuromanische Kirche. Unterhalb der Kirche nehmen wir mit dem Schild »Zu Kirchweinberg 50–44« die Staffel, die uns hinab zu einem Fachwerkhaus bringt. Wir halten uns kurz rechts bis zu einem Haus mit einem prächtigen Rundbogentor aus Sandstein von 1708. Hier biegen wir links in die Zinkbrunnenstraße ein, die uns in wenigen Minuten zur Stadtbahn-Haltestelle Wangen Marktplatz führt.

Wer sein Auto an der Geroksruhe stehen hat, fährt mit der U 9 bis zum Hauptbahnhof und von dort aus mit der U 15 zur Geroksruhe.

- **Länge:**
  Etwa 5 ½ Kilometer.

- **Zeit:**
  Etwa 2 Stunden.

- **Höhenunterschied:**
  Etwa 130 Meter.

- **Zusätzlich empfohlene Karte:**
  Freizeitkarte 520 Stuttgart, Landesvermessungsamt Baden-Württemberg.

- **Einkehrmöglichkeiten:**
  Gaststätten unterwegs, Wangen.

- **Spielplätze:**
  Geroksruhe, vor der Staibhöhe.

- **Sonstiges:**
  Die Wanderung verläuft auf Naturpfaden und festen Wegen.

Zum Burgholzturm und zum Max-Eyth-See

Pragsattel – Burgholzturm – Schnarrenberg – Max-Eyth-See – Hofen

Der Burgholzturm beschert uns eine prächtige Aussicht über die Stadt. Aber auch schon auf dem Weg dorthin bieten sich herrliche Blicke über die Weinberge. Danach geht es durch Baumwiesen hinab zum Neckar und zum Max-Eyth-See, wo man den Tag am Wasser ausklingen lassen kann.

■ **Ausgangspunkt:**
Pragsattel (Stadtbahnlinien U 5, U 6, U 13, Straßenbahnlinie 15, Buslinien 50, 57).

■ **Rückfahrt:**
Haltestelle Hofen oder Max-Eyth-See (Stadtbahnlinie U 14).

■ **Wegverlauf:**
Wir verlassen die Haltestelle Pragsattel auf der stadtauswärts gesehen rechten Seite und überqueren die Heilbronner Straße. Das große Gebäude rechts, heute Landespolizeidirektion, war ehemals das Robert-Bosch-Krankenhaus. Wir orientieren uns an den Schildern zum »Robert-Bosch-Krankenhaus« und spazieren erst ein Stück nach links. Gleich darauf nehmen wir die Staffeln, die nach rechts durch die

Weinberge direkt über Stuttgarts belebtester Kreuzung

Weinberge steil nach oben führen. Es sind drei Teile, jeweils etwas nach links versetzt, bis wir oben an einem Querweg sind; hier kann man sich bei einer Schutzhütte mit Tisch und Bänken ausruhen.

Dann geht man nach rechts weiter. Am nächsten Querweg können wir kurz nach rechts hinabgehen zu dem Gedenkstein zur Flurbereinigung 1966 bis 1980; ansonsten halten wir uns aber links. Der Weg zieht gleich darauf nach rechts. An der nächsten Abzweigung biegen wir links ab. Es geht nun erst etwas bergab, danach treffen wir auf einen Querweg, in den wir nach links einbiegen. Vorbei am Krankenhaus kommen wir zur Auerbachstraße, halten uns rechts und kommen zum bald sichtbaren Burgholzturm.

Der 25 Meter hohe **Burgholzturm** auf dem höchsten Punkt von Bad Cannstatt wurde 1891 vom Verschönerungsverein Cannstatt durch Stadtbaurat Keppler in der Form eines römischen Kastellturms erbaut. Die Turmstube wurde von Gottlieb Daimler eingerichtet. Bei der Eröffnung war auch Prinz Wilhelm, der spätere König Wilhelm II., anwesend. 1987/88 wurde der Turm vom Verein Pro Alt-Cannstatt saniert und wieder zugänglich gemacht. Von Mai bis Oktober ist der Turm sonntags von 10 bis 18 Uhr geöffnet.

Wir folgen der Straße weiter, später dem rechts davon verlaufenden Weg durch eine Grünanlage, bis der Weg nach links zieht und auf die Straße Am Wolfersberg trifft. Auf ihrer anderen Seite gehen wir zwischen den Sportanlagen auf der Straße Am Schnarrenberg weiter. Wir spazieren durch Baumwiesen, kommen am Wetteramt vorbei und biegen nach dem Antennenmas-

ten nach links ab. Es geht nun steil hinab bis zu einem Querweg, in den wir nach rechts einbiegen und hinab zum Neckar kommen. Wir biegen an der Gaststätte nach links ab und überqueren kurz darauf den eleganten Max-Eyth-Steg.

Der **Max-Eyth-Steg** wurde 1987 bis 1989 als so genannte rückverankerte Hängebrücke errichtet. Dabei sind die Tragseile durch Erdanker im Boden befestigt. Insgesamt wurden Tragseile über eine Gesamtlänge von 2,4 Kilometern verarbei-

Der Max-Eyth-Steg über den Neckar

tet. Sie besitzen einen Durchmesser von 106 Millimeter und sind für eine Belastung von 490 Tonnen ausgelegt. Die Brücke wurde 1991 mit dem Hugo-Häring-Preis des Bundes Deutscher Architekten ausgezeichnet.

Wir überqueren den Steg und sind, wenn wir kurz geradeaus weitergehen, am Ziel der Wanderung, dem Max-Eyth-See, wo man den Tag ausklingen lassen kann.

Aus einer in den zwanziger Jahren des 20. Jahrhunderts zur Kanalisierung des Neckars ausgebaggerten Kiesgrube wurde 1933 bis 1935 im Zuge einer »Arbeitsbeschaffungsmaßnahme« ein rund 600 Meter langer Stausee, der heutige **Max-Eyth-See.** Seinen Namen hat er von dem Ingenieur und Schriftsteller Max Eyth (1836–1906), der unter anderem maßgebend für die Verbreitung des Dampfpflugs bis nach Ägypten war, die Deutsche Landwirtschaftsgesellschaft (DLG) gründete und auch als Schriftsteller erfolgreich war. Der See ist »Stuttgarts größte Wassersportanlage«.

Die Wasserfläche dieses heute noch größten Stuttgarter Sees ist etwa 17 Hektar groß, der See etwa zwei Meter tief. Man kann segeln, windsurfen und Tret-, Ruder- und Elektromotorboote mieten. Weitläufige Rasenflächen um den See mit Grillmöglichkeiten bieten Erholungsraum für viele. Trotzdem finden auch seltene Tiere und Pflanzen hier ihren Lebensraum. Im nordwestlichen Teil des Sees gibt es sogar eine kleine Vogelschutzinsel mit Haubentauchern, Graugänsen, Schwänen, Teich- und Blesshühnern, Kormoranen und Graureihern. Das ganze Gelände wurde 1961 unter Landschaftsschutz gestellt. Einkehren kann man im »Haus am See«.

Geht man links in Richtung der Halbinsel mit dem Kiosk und den Toilettenanlagen, kommt man an dem Platz vorbei, an dem einst ein römischer Gutshof, eine villa rustica, das so genannte Heidenschloss, stand (siehe Seite 120). Die Geschichte ist auf einer Tafel ausführlich erklärt.

Max-Eyth-See: In welcher Großstadt kann man schon segeln?

Für den Weg zur Stadtbahnhaltestelle gibt es nun verschiedene Möglichkeiten. Man kann entweder nach rechts um den See gehen und trifft an seiner Ostseite ungefähr in der Mitte auf die Stadtbahnhaltestelle der U 14, oder man geht am Steg direkt am Neckar entlang flussabwärts, bis man auf die große Hofener Brücke (siehe Seite 117) trifft. Etwas rechts davon liegt die Haltestelle Hofen.

Wer noch nicht müde ist, dem sei eine kurze Erweiterung nach Hofen empfohlen (siehe Seite 114). Man unterquert hierzu die Mühlhäuser Straße rechts der Brücke und geht kurz am Neckar entlang, bis man nach rechts zu den Häusern hinabgehen kann. Dann hält man sich in der Scillawaldstraße links und geht hinauf zur Kirche und der Ruine der Burg Hofen.

- **Länge:**
  Etwa 7 Kilometer.

- **Zeit:**
  Etwa 2 Stunden.

- **Höhenunterschied:**
  Etwa 190 Meter.

- **Einkehrmöglichkeit:**
  Sportplätze am Schnarrenberg, Gaststätte Zum Keefertal am Neckar, eventuell Bewirtschaftung am Burgholzturm, Max-Eyth-See.

- **Grillmöglichkeit:**
  Max-Eyth-See.

- **Sonstiges:**
  Die Wanderung verläuft auf festen Wegen.

Aussicht, Wald und Weinberge

Degerloch – Fernsehturm – Sillenbuch – Rohracker – Geroksruhe

Bei dieser Wanderung spazieren wir viel durch die schönen Waldgebiete im Süden Stuttgarts. Zu Anfang sollten wir auf den Fernsehturm steigen, wohl *das* Wahrzeichen Stuttgarts. Auch vom Ziel an der Geroksruhe bietet sich uns ein weiter Blick. Wer die Anfahrt in einer Stuttgarter Besonderheit genießen will, fährt vom Marienplatz aus mit der Zahnradbahn nach Degerloch.

Das ehemalige Dorf Degerloch wurde bereits 1908 nach Stuttgart eingemeindet. Sein Name kommt vielleicht von »teger loch«, was »starker Wald« bedeutet. Der Ort wurde um 1100 erstmals erwähnt, als er von einem Ritter dem Hirsauer Kloster geschenkt wurde. Hauptgewerbezweig des Dorfes waren bis ins 19. Jahrhundert Ackerbau, Obst- und Weinbau, außerdem gab es hier Strumpf- und Seidenweber. Da hier früher Kutschen von der steilen und anstrengenden Fahrt über den Haigst (= den Höchsten), der Alten Weinsteige, ankamen, befand sich in Degerloch eine Umspannstation. Nachdem 1826 die Neue Weinsteige und später die Zahnradbahn erbaut worden waren, wurde Degerloch auch als Wohngebiet attraktiv, ja im vorletzten Jahrhundert erhielt es gar das Prädikat »Luftkurort«. Um 1880 baute man die ersten Sommerhäuser am Rand des Ortes und am Südhang entstand eine Villengegend.

- **Ausgangspunkt:**
  Stadtbahnhaltestelle Degerloch (Stadtbahnlinien U 5, U 6, U 8, Buslinien 809 und 556; Zahnradbahn). Alternativ: Stadtbahnhaltestelle Waldau (Stadtbahnlinien U 7 und U 8).

- **Rückfahrt:**
  Geroksruhe (Straßenbahnlinie 15).

- **Wegverlauf:**
  In Degerloch verlassen wir die unter dem Albplatz liegende Stadtbahnstation und spazieren auf der

Stuttgart ist nicht nur von Wald, sondern auch von Weinbergen umgeben.

Epplestraße nach Süden bis zur Löwenstraße, in die wir nach links einbiegen. Mit Auf und Ab spazieren wir durch das Wohngebiet bis zu den Sportplätzen auf der Waldau. Dort geht es auf dem Georgiiweg geradeaus weiter. Rechts sehen wir die große Freikletteranlage der Alpenvereinssektionen Schwaben und Stuttgart, links das AlpinZentrum der Sektion Schwaben, mit über 18 000 Mitgliedern drittgrößte Alpenvereinssektion und größter Verein Stuttgarts. Hier befindet sich auch die Stadtbahnhaltestelle Waldau; wer jetzt aussteigt, hat etwa eineinhalb Kilometer Weg »gespart«.

Am Guts-Muths-Weg halten wir uns links zum Fernsehturm.

Am 5. Februar 1956 wurde der **Fernsehturm** (483 m) nach nur 20-monatiger Bauzeit in Betrieb genommen. Der 217 Meter hohe Turm wurde von Professor Dr. Fritz Leonhardt entworfen und ist das Urmodell aller späteren Fernsehtürme auf der Welt. Er ist zwar heute einer der kleinen im Vergleich mit den ihm nachfolgenden Giganten, gefiel den Südafrikanern aber so gut, dass sie in Johannesburg eine exakte Kopie aufstellen ließen. Seine Geschichte ist verzwickt, denn zuerst wollte der Südfunk nur einen der üblichen Eisen-Gittermasten, 200 Meter hoch und mit Drahtseilen gesichert, aufstellen. Dagegen ging der als Brückenbauer und Statiker bekannte Stuttgarter Ingenieur Fritz Leonhardt an und schlug eine elegante Betonnadel vor, die sich sogar touristisch und gastronomisch nutzen ließe und so die Baukosten amortisieren würde. Der SDR war begeistert, nicht so sehr der Stuttgarter Gemeinderat, der in dem Vorhaben ein nicht zu kalkulierendes Risiko und ein Abenteuer sah, das er ablehnte.

Die Baukosten überstiegen zwar deutlich die ursprünglich veranschlagten 1,8 Millionen Mark, waren aber bereits nach fünf Jahren durch die Einnahmen für die Auffahrt wieder hereingeholt. Auch nicht alle Stuttgarter waren begeistert. Worte wie »Schandmal«, »Schildbürgerstreich« und »Landschaftsverwüstung« fielen und auch der Schwäbische Heimatbund sprach von einer »Verschandelung«. Zum Glück konnte die ursprüngliche Planung, den Turm wegen der Nähe zum Flughafen rot-weiß anzustreichen, geändert werden – er würde dann aussehen wie eine »Sambasocke«, wurde damals argumentiert.

Der Turm bietet den besten Überblick ganz Stuttgarts über die Stadt, die Weinberglandschaft des Neckartals, die Filderebene, zum Schwarzwald, zum Odenwald und zur Schwäbischen Alb, an den seltenen Tagen mit besonders guter Sicht sogar bis zu den Alpen. Durch eine besondere Konstruktion steht der Turm auch bei heftigen Stürmen fest, denn das acht Meter tiefe Fundament besteht aus einem dreieinhalb Meter breiten Ring mit einem Außendurchmesser von rund 27 Metern. Dieser wird von einer gleich großen Spannbetonplatte zusammen gehalten. Der Turm schwankt selbst bei einem Orkan von 170 Kilometern pro Stunde nur um 30 Zentimeter, am Ende des Antennenmasts nur um maximal eineinhalb Meter. Das Gewicht des Turms beträgt 3000 Tonnen. Ein Aufzug bringt den Besucher mit einer

Geschwindigkeit von fünf Metern pro Sekunde in 36 Sekunden auf die 152 Meter hohe Plattform. Wer lieber zu Fuß geht: Die Treppe hat 762 Stufen! Ausgestrahlt werden von hier aus die Hörfunkprogramme des SWR und das erste Programm der ARD.

Der Turm ist täglich von 9 bis 23 Uhr geöffnet; Ausnahme ist Heiligabend, 24. Dezember. Die letzte Möglichkeit zur Auffahrt besteht um 22.30 Uhr. Auskunft erhält man unter Telefon (07 11) 23 25 97 oder im Internet unter www.fernsehturm-stuttgart.com.

Nach der Turm-Besteigung gehen wir auf dem Guts-Muths-Weg oder auf dem parallel verlaufenden Waldweg mit dem Waldlehrpfad wieder zurück. Wo rechts das Waldhotel steht, zieht der Weg etwas nach links. Es geht parallel zu einem Bachlauf bergab bis zu einem Querweg; hier halten wir uns links, dann rechts und überqueren auf einer großen Brücke die Mittlere Filderstraße. Dahinter behalten wir unsere Richtung bei, kommen zur Kirchheimer Straße, überqueren sie und biegen dann im Wald in das Silberwaldsträßle nach rechts ein.

Weiter Blick von den Weinbergen bei Rohracker ins Neckartal

Vor den ersten Häusern von Sillenbuch schwenken wir nach links in die Kernenblickstraße ein, die uns zuerst bergab führt und dann nach rechts zieht. Auf einem Weg mit guter Aussicht kommen wir bald zu einer kleinen Grünfläche, die mit Bank und Pergola fast einen südländischen Eindruck erweckt. Vor ihr gehen wir, vorbei am Waldorf-Kindergarten, nach links die Stufen hinab bis zur Buowaldstraße.

Wir halten uns links und biegen am Waldrand nach rechts ab. Der Zinsholzweg beschreibt nach einiger Zeit eine scharfe Rechtskurve und bringt uns als Sulzhauweg zu einem rechts unten liegenden Waldweiher. Wir folgen nun dem Weg nach links bis vor einen kleinen Stausee, vor dem wir uns rechts orientieren, und spazieren dann auf der anderen Talseite über dem Tiefenbach nach rechts nach Rohracker. Am Waldende liegt rechts ein weiterer Weiher. Hier geht es kurz nach rechts hinauf, dann in der Tiefenbachstraße geradeaus weiter.

Wer hier die Tour beenden will, kann an der Haltestelle Rohracker in die Buslinie 62 einsteigen. Ab Degerloch waren es bis hierher etwa sieben Kilometer und rund achtzig Höhenmeter. Ansonsten folgen wir der Tiefenbachstraße – links sehen wir ehemalige Weinbauterrassen, die heute als Baumgärten genutzt werden – und steigen nach der Schule auf den Staffeln nach links hinauf bis zur Rohrackerstraße. Wir verlassen auf dieser Straße mit dem Wanderzeichen roter Punkt in Richtung »Geroksruhe« nach links den Ort.

Nun geht es durch die Weinberge hinauf, an typischen alten Weinbergmauern aus Sandsteinen entlang, von denen aus idyllische Treppchen weiter in die Weinberge führen. An der scharfen Linkskurve befinden wir uns an dem Platz, wo links die Burg Rohreck stand. Die Ritter hatten keinen schlechten Platz gewählt, hat man von hier aus doch einen prächtigen Blick zurück. Kurz nach dem Waldrand zieht das Asphaltsträßchen nach rechts zu den Häusern. Wir gehen aber geradeaus, nur leicht ansteigend, auf dem Waldweg weiter. Schließlich erreichen wir die Straße und die »Stelle«. Hier kann man in die Straßenbahnlinie 15 und die Buslinie 64 einsteigen. Bis hierher waren es zehn Kilometer Weg und 230 Höhenmeter. Wer aber noch möchte, sollte den einen Kilometer weiter bis zur Geroksruhe marschieren, denn von hier aus hat man wieder einen schönen Fernblick.

Wir nehmen das Sträßchen, das an der Haltestelle nach rechts in den Wald in Richtung des Fernmeldeturms auf dem Frauenkopf führt, biegen aber gleich nach links

»Hoffe das beste, verzage nur nie«: Die Inschrift an dieser Weinbergmauer bei Rohracker könnte sich auch an vorbeikommende Wanderer richten.

Blick von der Geroksruhe in Richtung Bad Cannstatt und Waiblingen

mit dem roten Punkt in den Eulenweg ein. Wir ignorieren, dass der Rotpunktweg gleich nach rechts abknickt und spazieren parallel zur Straße mit dem Zeichen rotes Kreuz auf dem Eulenweg weiter. Bald sehen wir links die große Anlage der Merzschule; danach treffen wir auf die Straße Waldebene Ost. Hier biegen wir nach links ab und wandern auf dem parallel verlaufenden Wanderweg zur Geroksruhe (siehe Seite 151).

- **Länge:**
  Etwa 11 Kilometer. Von der Waldau aus etwa 1,5 Kilometer weniger. Bis Rohracker etwa 7 Kilometer.

- **Zeit:**
  Etwa 3–4 Stunden.

- **Höhenunterschied:**
  Etwa 240 Meter. Bis Rohracker etwa 80 Meter.

- **Einkehrmöglichkeit:**
  Fernsehturm.

- **Sonstiges:**
  Die Wanderung verläuft auf Waldwegen und Sträßchen.